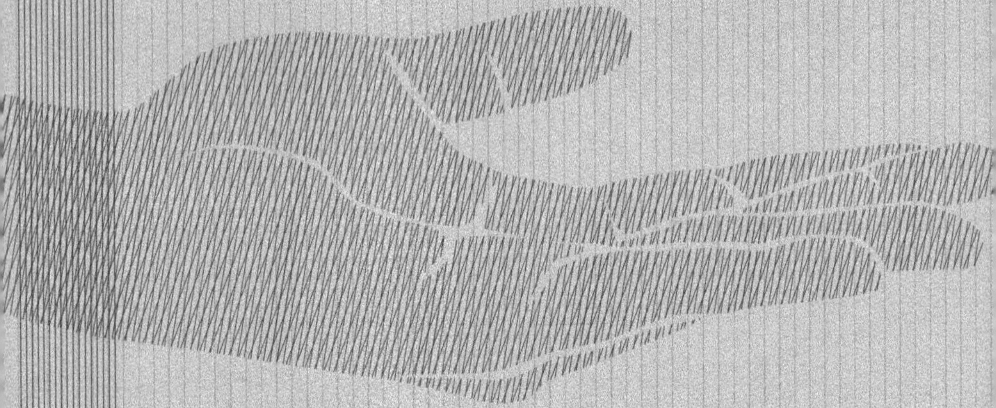

SÉRIE POLÍTICAS SOCIAIS PÚBLICAS

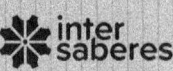

Direito à renda e à alimentação: programas, serviços e benefícios existentes no Brasil nas décadas de 2000 e de 2010

Neiva Silvana Hack

Conselho editorial
Dr. Ivo José Both (presidente)
Drª Elena Godoy
Dr. Neri dos Santos
Dr. Ulf Gregor Baranow

Editora-chefe
Lindsay Azambuja

Gerente editorial
Ariadne Nunes Wenger

Assistente editorial
Daniela Viroli Pereira Pinto

Preparação de originais
Gustavo Piratello de Castro

Edição de texto
Palavra do Editor
Guilherme Conde Moura Pereira

Projeto gráfico
Laís Galvão

Capa
Laís Galvão (*design*)
MIA Studio/Shutterstock (imagem)

Diagramação
Rafael Ramos Zanellato

Equipe de *design*
Iná Trigo

Iconografia
Regina Claudia Cruz Prestes

Dados Internacionais de Catalogação na Publicação (CIP)
(Câmara Brasileira do Livro, SP, Brasil)

Hack, Neiva Silvana
 Direito à renda e à alimentação: programas, serviços e benefícios existentes no Brasil nas décadas de 2000 e de 2010/ Neiva Silvana Hack. Curitiba: InterSaberes, 2021. (Série Políticas Sociais Públicas)

 Bibliografia.
 ISBN 978-65-5517-881-4

 1. Direito à alimentação 2. Política alimentar – Brasil 3. Políticas públicas 4. Programa Bolsa Família (Brasil) 5. Programas de sustentação de renda - Brasil I. Título. II. Série.

20-50400   CDD-363.8560981

Índices para catálogo sistemático:
1. Brasil: Direito à renda e à alimentação:
    Bem-estar social   363.8560981

Cibele Maria Dias – Bibliotecária – CRB-8/9427

1ª edição, 2021.
Foi feito o depósito legal.

Informamos que é de inteira responsabilidade da autora a emissão de conceitos.

Nenhuma parte desta publicação poderá ser reproduzida por qualquer meio ou forma sem a prévia autorização da Editora InterSaberes.

A violação dos direitos autorais é crime estabelecido na Lei n. 9.610/1998 e punido pelo art. 184 do Código Penal.

Rua Clara Vendramin, 58 ▪ Mossunguê ▪ CEP 81200-170 ▪ Curitiba ▪ PR ▪ Brasil
Fone: (41) 2106-4170 ▪ www.intersaberes.com ▪ editora@intersaberes.com

Sumário

Agradecimentos | 7
Apresentação | 11
Como aproveitar ao máximo este livro | 14

1. **Renda mínima e direito à renda | 21**
   1.1 Conceitos básicos relacionados à renda | 23
   1.2 Desigualdade de renda no Brasil e no mundo | 36
   1.3 Propostas de renda mínima ou renda básica | 39

2. **Direito à renda e direito humano à alimentação adequada | 49**
   2.1 Falta de acesso a alimentos | 53
   2.2 Segurança alimentar e nutricional | 57
   2.3 Dados sobre insegurança alimentar | 58

3. **Sistema Nacional de Segurança Alimentar e Nutricional | 67**
   3.1 Conhecendo o Sistema Nacional de Segurança Alimentar e Nutricional | 69
   3.2 Ações e programas do Sistema Nacional de Segurança Alimentar e Nutricional | 73

4. **Política pública de assistência social e sua contribuição na promoção da segurança alimentar e nutricional | 93**
   4.1 Política pública de assistência social | 95
   4.2 Assistência social: uma política de defesa do direito humano à alimentação adequada | 99
   4.3 Serviços e benefícios da assistência social e o direito humano à alimentação adequada | 101

5. Transferência de renda | 123
   5.1 Transferência de renda no âmbito das relações capitalistas | 125
   5.2 Transferência de renda e renda mínima | 128
   5.3 Programa Bolsa Família: uma experiência brasileira | 129

6. Serviço social e promoção e defesa do direito humano à alimentação adequada | 155
   6.1 Identidade e trabalho do assistente social | 158
   6.2 Interpretação conjuntural da pobreza e da fome | 169
   6.3 Promoção da autonomia do usuário no fazer do assistente social | 173
   6.4 Educação popular como alternativa metodológica para a emancipação e a promoção da autonomia | 181

Considerações finais | 191
Referências | 193
Respostas | 213
Sobre a autora | 219

Agradecimentos

Escrever este livro me permitiu fazer uma síntese de muitas experiências pelas quais passei, desde minha vida acadêmica até minha vida profissional, que foram tão marcantes quanto as pessoas com as quais as compartilhei – o aprendizado cotidiano é permeado de relações.

Assim, pude resgatar conhecimentos do período em que fazia estágio em serviço social, quando fui privilegiada com a competência técnica de supervisores de campo e acadêmicos que me ensinaram, de forma definitiva, que a metodologia do serviço social precisa sempre ser voltada para a autonomia. Nessa época, conheci fortes lideranças e grandes educadores, que me mostraram os caminhos da economia solidária e da educação popular de Paulo Freire.

Foi inevitável, ao discutir essa temática, despertar o conjunto de lembranças acerca da experiência profissional como assistente social do Centro de Referência em Assistência Social (Cras). Ali, o aprendizado acumulado se deu com a bravura da equipe, com a competência da coordenação e com o saber vivido de cada usuário.

Além disso, resgatei de minha trajetória as experiências profissionais na Ação Social do Paraná, entidade dedicada a ações no campo das políticas públicas de assistência social e de segurança alimentar e nutricional, por meio da qual pude conhecer e vivenciar profissionalmente metodologias de estímulo à autonomia, à emancipação e à defesa de direitos, entre eles o direito à alimentação adequada.

Recordando esses momentos, surge a gratidão por todas as pessoas que fizeram parte dessa construção, como: Professora Maria Izabel, Leila, Daiana Cristine, Vanessa, Gisele, Antônio, Lourdes, Juliana, Rafael, Luís Fernando, Erica, Padre José Aparecido, Luciano, Mara, Ana, Giceli, Fernando, Valdecir, Claudecir e Cristiane. Esses são alguns dos nomes de que me lembro. Há ainda muitos outros, mas os que citei representam todos. E para todos será sempre viva minha gratidão.

A produção de uma obra como esta é, certamente, fruto de muita pesquisa teórica e dedicação pessoal. Mais do que isso, é uma expressão concreta dos aprendizados construídos em minha vida, nunca sozinha, mas sempre coletivamente.

Por fim, agradeço também ao Centro Universitário Internacional Uninter, ao coordenador do curso de Serviço Social – e amigo – Dorival da Costa, aos colegas professores e aos demais profissionais do grupo. E, certamente, não poderia deixar de agradecer aos meus alunos para os quais tenho dedicado esforços e que têm me mostrado, cotidianamente, o quanto isso vale a pena.

Espero que esta produção exerça da melhor forma sua função de contribuir com a formação profissional de cada um e expresse o conjunto de aprendizados do serviço social, o qual se pretende comprometido com uma nova sociedade e com cada pessoa que ele tem a possibilidade de alcançar.

Apresentação

O presente material foi produzido com a perspectiva de discutir duas importantes temáticas do campo da proteção social: (1) os programas e os benefícios de transferência de renda, localizados no campo da assistência social, e (2) os serviços e programas da política de segurança alimentar e nutricional[1].

Debater esses temas não pode ter como ponto de partida os programas, os benefícios e os serviços em si, nem mesmo as políticas públicas às quais eles se vinculam. Temos como pressuposto que uma adequada compreensão sobre essas ações decorre do conhecimento e do reconhecimento dos direitos que as fundamentam.

---

1 O conceito de *segurança alimentar e nutricional* também pode ser representado pela sigla SAN. Contudo, por opção didática, apresentaremos sempre a denominação por extenso.

Assim, esta obra visa adensar os elementos do debate acerca do direito à renda e do direito humano à alimentação adequada[2]. Essas garantias, embora possam ser tidas como óbvias para a condição humana e sua participação na sociedade em que vivemos, são negadas a uma grande parcela da população. Tal negação de direitos precisa ser desnaturalizada e enfrentada.

Na sociedade capitalista, o direito à renda, costumeiramente vinculado de maneira rasa ao direito ao trabalho ou mesmo ao dever de trabalhar, é negado, visto que se assume uma concepção meritocrática sustentada pelo desconhecimento das diversas variáveis que implicam um maior ou menor acesso à renda.

De igual maneira, a alimentação vem sendo negligenciada. Com relação à Constituição Federal promulgada em 1988, o direito à alimentação foi incorporado ao conjunto dos direitos sociais somente com a aprovação da Emenda Constitucional n. 64, de 4 de fevereiro de 2010 (Brasil, 2010a). Apesar de a alimentação ser critério indispensável à manutenção da vida humana, ainda há registro de 7,2 milhões de brasileiros em situação de insegurança alimentar grave, que corresponde a uma realidade caracterizada pela falta de alimentos e pela fome, conforme dados de pesquisa do Instituto Brasileiro de Geografia e Estatística (IBGE) em 2013 (IBGE, 2014). Reconhecer a renda e a alimentação como direitos implica exigir do poder público a implementação e a efetivação de políticas públicas capazes de concretizar tais provisões e assegurar as condições elementares para o exercício da cidadania.

É sob essa ótica que avançaremos na discussão acerca da transferência de renda e da segurança alimentar e nutricional no Brasil. Ao debater tais direitos, políticas, programas, serviços e benefícios, pretendemos vinculá-los a aspectos metodológicos inerentes à atuação do assistente social. Vivências práticas serão

---

2 O conceito de *direito humano à alimentação adequada* também pode ser representado pela sigla DHAA. Contudo, por opção didática, apresentaremos sempre a denominação por extenso.

compartilhadas para incitar debates e apontar possibilidades no campo das práticas emancipatórias.

O livro está dividido em seis capítulos. No Capítulo 1, iniciaremos a reflexão sobre o direito à renda, esclarecendo aspectos acerca da renda mínima e da renda básica, além de descrevermos experiências e realidades brasileiras e estrangeiras. No Capítulo 2, colocaremos em pauta o direito humano à alimentação adequada, fundamentando seu conceito e evidenciando sua relação com as práticas de segurança alimentar e nutricional e de combate à fome.

Dedicaremos o Capítulo 3 ao Sistema Nacional de Segurança Alimentar e Nutricional (Sisan), que organiza a política pública voltada ao direito à alimentação no Brasil, examinando sua estrutura e seus serviços, segundo o modelo adotado nas décadas de 2000 e de 2010.

No Capítulo 4, trataremos da política de assistência social e seus programas, serviços e benefícios, correlacionando-os ao direito humano à alimentação adequada. No Capítulo 5, aprofundaremos a discussão sobre a transferência de renda, discorrendo sobre as principais propostas nacionais vigentes nas últimas décadas.

Por fim, no Capítulo 6, abordaremos as metodologias de atendimento do serviço social e sua relação com a promoção dos direitos à renda e à alimentação e a outros diretamente associados a eles.

Ao longo do livro, exercícios e reflexões permearão o conteúdo discutido a fim de contribuir para sua apreensão e compreensão e estimular a pesquisa, de modo que você, leitor, dê continuidade a seu estudo e aprofunde seus conhecimentos sobre esses temas.

Boa leitura!

Como aproveitar ao máximo este livro

Empregamos nesta obra recursos que visam enriquecer seu aprendizado, facilitar a compreensão dos conteúdos e tornar a leitura mais dinâmica. Conheça a seguir cada uma dessas ferramentas e saiba como estão distribuídas no decorrer deste livro para bem aproveitá-las.

Conteúdos do capítulo:

Logo na abertura do capítulo, relacionamos os conteúdos que nele serão abordados.

Após o estudo deste capítulo, você será capaz de:

Antes de iniciarmos nossa abordagem, listamos as habilidades trabalhadas no capítulo e os conhecimentos que você assimilará no decorrer do texto.

Fique atento!

Ao longo de nossa explanação, destacamos informações essenciais para a compreensão dos temas tratados nos capítulos.

Direito à renda e direito humano à alimentação adequada

Fique atento!

Observe bem os números relacionados à insegurança alimentar no Brasil em 2013, quando o país contava com:

- **52 milhões de pessoas** com alguma condição de insegurança alimentar e nutricional;
- **7,2 milhões de pessoas** em condição de insegurança alimentar grave (falta de alimentos/fome).

Os números apresentam, de pronto, uma dupla informação: (1) a necessidade de continuidade de ações de superação das condições de insegurança alimentar que ainda assolam a população brasileira e (2) o avanço obtido em uma linha histórica, no campo da segurança alimentar e nutricional, principalmente após o reconhecimento da alimentação como direito social no texto da Constituição Federal de 1988.

Na Tabela 2.1, podemos observar a evolução dos indicadores de segurança e de insegurança alimentar, com base em uma comparação dos dados do IBGE referentes aos anos de 2004, 2009 e 2013.

Tabela 2.1 – Dados de (in)segurança alimentar e nutricional no domicílio, nos anos de 2004, 2009 e 2013

Segurança Alimentar e Nutricional no Domicílio	2004	2009	2013
Percentual de domicílios em situação de insegurança alimentar e nutricional leve	18,0	18,7	14,8
Percentual de domicílios em situação de insegurança alimentar e nutricional moderada	9,9	6,5	4,6
Percentual de domicílios em situação de insegurança alimentar e nutricional grave	7,0	5,0	3,2
Percentual de domicílios em situação de segurança alimentar e nutricional	65,1	69,8	77,4

Fonte: Brasil, 2018c, p. 1-2.

Para refletir

Aqui propomos reflexões que contribuem para aprofundar a análise sobre os temas abordados.

Direito à renda e à alimentação: programas, serviços e benefícios existentes no Brasil nas décadas de 2000 e de 2010

Outro cenário recorrentemente vivenciado no Brasil é o abismo estabelecido entre as condições de educação e de qualificação daquele que busca emprego e as exigências mínimas para acesso às vagas disponíveis. Nem sempre a disponibilidade de vagas de trabalho é o suficiente para promover a superação do desemprego. "O abismo entre as exigências dos empresários e a qualificação existente fica cada vez maior: dos 13,4 milhões de desempregados no primeiro trimestre de 2019, 635 mil eram considerados difíceis de colocar no mercado – mais do que o dobro do que em 2014, antes da recessão" (Busch, 2019). Esse abismo revela não apenas desajustes do funcionamento do sistema, mas também a reprodução de desigualdades estruturais.

Para refletir

- Lembremo-nos das crianças e dos adolescentes mencionados anteriormente e que dependem dos cuidados e da renda dos adultos que são responsáveis por eles.
- Façamos, então, uma projeção acerca daqueles que são dependentes de pais que integram o contingente de desempregados no país e não têm acesso à renda.
- Avaliemos, por conseguinte, suas condições de acesso à educação e à formação preparatória para o trabalho e seu desempenho caso o consigam.
- Podemos estimar (sem, contudo, generalizar) que esses indivíduos terão dificuldades para a admissão em bons empregos e a obtenção de renda, aumentando o abismo entre oportunidades e qualificação.

Superando, em um nível, a discussão sobre o desemprego, adentramos agora no debate sobre a remuneração estabelecida nos salários brasileiros. Os rendimentos médios no Brasil correspondiam, em 2016, a R$ 2.261,00 mensais para homens e R$ 1.743,00 mensais para mulheres. Todavia, dada a desigualdade presente na distribuição da renda no país, consta que 80% da população brasileira vive com renda *per capita* mensal inferior a 2 salários mínimos e que 6 em cada 10 brasileiros, em 2015,

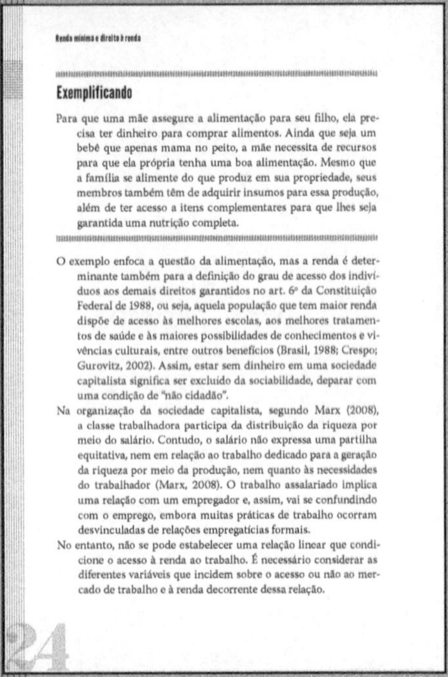

Renda mínima e direito à renda

Exemplificando

Para que uma mãe assegure a alimentação para seu filho, ela precisa ter dinheiro para comprar alimentos. Ainda que seja um bebê que apenas mama no peito, a mãe necessita de recursos para que ela própria tenha uma boa alimentação. Mesmo que a família se alimente do que produz em sua propriedade, seus membros também têm de adquirir insumos para essa produção, além de ter acesso a itens complementares para que lhes seja garantida uma nutrição completa.

O exemplo enfoca a questão da alimentação, mas a renda é determinante também para a definição do grau de acesso dos indivíduos aos demais direitos garantidos no art. 6º da Constituição Federal de 1988, ou seja, aquela população que tem maior renda dispõe de acesso às melhores escolas, aos melhores tratamentos de saúde e às maiores possibilidades de conhecimentos e vivências culturais, entre outros benefícios (Brasil, 1988; Crespo; Gurovitz, 2002). Assim, estar sem dinheiro em uma sociedade capitalista significa ser excluído da sociabilidade, deparar com uma condição de "não cidadão".

Na organização da sociedade capitalista, segundo Marx (2008), a classe trabalhadora participa da distribuição da riqueza por meio do salário. Contudo, o salário não expressa uma partilha equitativa, nem em relação ao trabalho dedicado para a geração da riqueza por meio da produção, nem quanto às necessidades do trabalhador (Marx, 2008). O trabalho assalariado implica uma relação com um empregador e, assim, vai se confundindo com o emprego, embora muitas práticas de trabalho ocorram desvinculadas de relações empregatícias formais.

No entanto, não se pode estabelecer uma relação linear que condicione o acesso à renda ao trabalho. É necessário considerar as diferentes variáveis que incidem sobre o acesso ou não ao mercado de trabalho e à renda decorrente dessa relação.

Exemplificando

Disponibilizamos, nesta seção, exemplos para ilustrar conceitos e operações descritos ao longo do capítulo a fim de demonstrar como as noções de análise podem ser aplicadas.

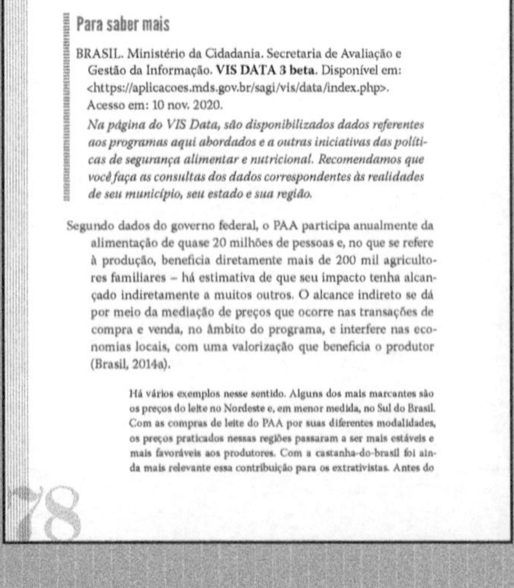

Sistema Nacional de Segurança Alimentar e Nutricional

Esses dados são expressões quantitativas do investimento realizado no programa, que se traduz em apoio à agricultura familiar, fomento às economias locais e promoção da segurança alimentar e nutricional. Isso não significa dizer que o programa é isento de fragilidades ou de desafios, pois nenhuma política pública o é, mas que os resultados avaliados após dez anos de sua implantação apontam para uma estratégia capaz de gerar transformações significativas nas relações produtivas e na qualidade de vida da população (Brasil, 2014a).

Para saber mais

BRASIL. Ministério da Cidadania. Secretaria de Avaliação e Gestão da Informação. **VIS DATA 3 beta**. Disponível em: <https://aplicacoes.mds.gov.br/sagi/vis/data/index.php>. Acesso em: 10 nov. 2020.

Na página do VIS Data, são disponibilizados dados referentes aos programas aqui abordados e a outras iniciativas das políticas de segurança alimentar e nutricional. Recomendamos que você faça as consultas dos dados correspondentes às realidades de seu município, seu estado e sua região.

Segundo dados do governo federal, o PAA participa anualmente da alimentação de quase 20 milhões de pessoas e, no que se refere à produção, beneficia diretamente mais de 200 mil agricultores familiares – há estimativa de que seu impacto tenha alcançado indiretamente a muitos outros. O alcance indireto se dá por meio da mediação de preços que ocorre nas transações de compra e venda, no âmbito do programa, e interfere nas economias locais, com uma valorização que beneficia o produtor (Brasil, 2014a).

> Há vários exemplos nesse sentido. Alguns dos mais marcantes são os preços do leite no Nordeste e, em menor medida, no Sul do Brasil. Com as compras de leite do PAA por suas diferentes modalidades, os preços praticados nessas regiões passaram a ser mais estáveis e mais favoráveis aos produtores. Com a castanha-do-brasil foi ainda mais relevante essa contribuição para os extrativistas. Antes do

Para saber mais

Sugerimos a leitura de diferentes conteúdos digitais e impressos para que você aprofunde sua aprendizagem e siga buscando conhecimento.

Portanto, em casos de situação continuada de falta de acesso a alimentos, o foco da política de assistência social não deve localizar-se apenas na atenção imediata e recorrente a essa necessidade. É preciso construir caminhos abrangentes e intersetoriais capazes de promover a superação da situação de insegurança alimentar, além de garantir a autonomia dos usuários (Brasil, 2018g).

Assim, observamos grande correlação entre os serviços e os benefícios socioassistenciais e a política de segurança alimentar e nutricional. Vale mencionar, ainda, que uma das ações de maior evidência no campo da promoção dos direitos à renda e à alimentação é representada pelos programas/benefícios de transferência de renda voltados à superação da pobreza e da miséria. Dessa forma, a temática da transferência de renda e a principal experiência brasileira nessa área, o Programa Bolsa Família, serão detalhadas no próximo capítulo.

Estudo de caso

O caso da "doação" de cestas básicas

No campo das práticas assistenciais – principalmente daquelas com forte tendência assistencialista –, uma das primeiras ações de enfrentamento à pobreza e à fome é a doação de cestas básicas. Trata-se de uma medida bastante presente no imaginário popular e reforçada por práticas alicerçadas no senso comum.

É uma experiência de caridade ou de solidariedade corrente ao longo da construção histórica do Brasil e ainda bastante comum nas mais diversas iniciativas sociais solidárias ou voluntárias. Contudo, a mesma prática assistencialista acaba sendo reproduzida na esfera da política pública, implicando o investimento de recursos humanos, físicos e orçamentários para sua manutenção (Brasil, 2018g).

E onde está o erro de tal prática?

A doação de cestas básicas em uma perspectiva de caridade e de solidariedade está alinhada a uma perspectiva de favor, vinculada a uma relação na qual quem tem mais compartilha uma parte

Estudo de caso

Nesta seção, relatamos situações reais ou fictícias que articulam a perspectiva teórica e o contexto prático da área de conhecimento ou do campo profissional em foco com o propósito de levá-lo a analisar tais problemáticas e a buscar soluções.

Exemplo prático

Nesta seção, articulamos os tópicos em pauta a acontecimentos históricos, casos reais e situações do cotidiano a fim de que você perceba como os conhecimentos adquiridos são aplicados na prática e como podem auxiliar na compreensão da realidade.

Para iniciarmos

este capítulo, apresentamos um relato[1] para provocar uma reflexão sobre o assunto deste capítulo.

Exemplo prático

O que é uma assistente social

Era mais uma tarde de trabalho em um Centro de Referência de Assistência Social (Cras). Uma das atividades programadas para o período era realizar um conjunto de visitas domiciliares. Uma delas era para uma família que vinha sendo acompanhada por uma colega de outro território e que estava de férias. Chegamos à casa da família, batemos palmas e fomos recebidos por um lindo garotinho que parecia ter quatro ou cinco anos.

Pedi para aquele menininho chamar sua mãe e avisá-la de que quem estava no portão era a assistente social. Ele continuou me olhando e, em meio à conversa singela com aquela criança, durante um dia agitado de atendimentos sociais, eu lhe perguntei:
— Você sabe o que é uma assistente social?
Ele abriu um sorriso, assinalou que sim com a cabeça e respondeu rapidamente, em uma palavra só:
— Básica!
Em seguida, o garoto saiu correndo, chamou sua mãe e demos sequência ao atendimento domiciliar. Depois de terminar a visita e retornar ao Cras, a experiência daquele diálogo foi compartilhada com os demais assistentes sociais da equipe, instigando a reflexão e o debate sobre os possíveis significados da resposta do menino.

---

1 Trata-se de uma história vivenciada pela autora quando trabalhava como assistente social da equipe técnica de um Centro de Referência de Assistência Social (Cras), unidade de atendimento da política pública de assistência social.

Argumentos contrários a essas propostas tratam da limitação dos fundos públicos para sustentar tamanho repasse de recursos. O cenário orçamentário e financeiro no Brasil se demonstra, contudo, bastante controverso. Um exemplo disso é a decisão pela aprovação do Novo Regime Fiscal, em 2016, quando os legisladores votaram pelo congelamento das despesas com políticas sociais por 20 anos⁷, assim como a instituição, em 2017, do Fundo Especial de Financiamento de Campanha, destinado a partidos e candidatos, cujos valores dirigidos às campanhas do ano eleitoral de 2018 alcançaram cerca de 2 bilhões de reais⁸ (Brasil, 2016a, 2017a, 2017b, 2018l). Recursos públicos não são, portanto, insuficientes, são apenas direcionados de forma distinta, atendendo a determinados grupos de prioridades em detrimento de outros.

Síntese

Neste capítulo, tratamos do direito à renda, esclarecendo que todos têm esse direito, uma vez que as necessidades humanas básicas, em sua maioria, são atendidas com base na mediação das relações comerciais. Assim, é direito humano o acesso à renda para que o indivíduo possa satisfazer suas necessidades e suas demandas, como alimentação, saúde, transporte e segurança.

Também destacamos que a tese do direito à renda está assentada na distribuição das riquezas sociais, que deveriam ser repartidas entre todos; porém, elas são acumuladas por aqueles que se

---

7 Aprovada por meio da Emenda Constitucional n. 95, de 15 de dezembro de 2016, que "Altera o Ato das Disposições Constitucionais Transitórias, para instituir o Novo Regime Fiscal, e dá outras providências" (Brasil, 2016a).

8 Acerca do Fundo Especial de Financiamento de Campanha, recomendamos a leitura dos seguintes documentos: Lei n. 13.487, de 6 de outubro de 2017 (Brasil, 2017a), que o instituiu e a nota explicativa, com detalhamento de valores, publicada pelo Tribunal Superior Eleitoral (TSE), em seu portal eletrônico (Brasil, 2018l); e a Nota Técnica Conjunta n. 6, de 2017, que aborda a destinação de recursos ao fundo, situa que ele pode ultrapassar os 3 bilhões de reais e trata de sua não vinculação com o teto de gastos (Brasil, 2017b).

Síntese

Ao final de cada capítulo, relacionamos as principais informações nele abordadas a fim de que você avalie as conclusões a que chegou, confirmando-as ou redefinindo-as.

---

apropriam delas como se fossem propriedade privada, no âmbito das relações capitalistas.

Por fim, explicamos que, apesar do reconhecimento do direito à renda, este ainda não é exercido por todas as pessoas, principalmente em países desiguais. Nesse sentido, o Brasil apresenta um cenário de grande desigualdade social, uma vez que 95% da população fica com metade da riqueza do país, ao passo que a outra metade é dividida entre os 5% restantes. O país ainda conta com quase 55 milhões de pessoas em situação de pobreza e mais de 16 milhões em situação de extrema pobreza. Assim, observa-se a necessidade de intervenções concretas do Estado para a superação desse cenário, as quais devem ser exigidas pela sociedade civil.

Questões para revisão

1. O direito à renda pode ser justificado pela compreensão de que as necessidades humanas básicas, em sua maioria, são atendidas, na sociedade capitalista contemporânea, mediante relações comerciais. Porém, esta não é a única justificativa para a defesa do direito à renda. Nesse sentido, assinale a alternativa que completa corretamente a seguinte frase:

Outro argumento que sustenta a tese do direito à renda está relacionada _____.

a) à solidariedade religiosa, que prevê a igualdade entre todos os seres humanos, que são unidos em igual condição espiritual.
b) ao trabalho realizado por todos, afinal, ninguém pode sobreviver sem trabalhar.
c) ao conceito de política social eletiva e pontual, que compreende a transferência de renda para os mais vulneráveis.
d) à justa repartição das riquezas comuns e sociais, expressas nos resultados decorrentes da produção coletiva ou da exploração de bens naturais.
e) à previdência e à seguridade social, que dão cobertura aos cidadãos incapazes para o trabalho.

Questões para revisão

Ao realizar estas atividades, você poderá rever os principais conceitos analisados. Ao final do livro, disponibilizamos as respostas às questões para a verificação de sua aprendizagem.

d) A violência é uma expressão exclusiva das camadas empobrecidas da sociedade.
e) A violência é uma opção pessoal, cuja responsabilidade é unicamente do sujeito que a praticou.

4. Descreva, de forma simples, a diferença entre os conceitos de *mínimo* e *básico* segundo a compreensão de Potyara Pereira (2002).

5. Desenvolva um texto em que você analise o conteúdo da Lei n. 10.835/2004 e sua efetividade na sociedade brasileira.

Questões para reflexão

1. Considere, por um lado, o direito à renda, que cabe a todas as pessoas, e, por outro, o cenário de distribuição de renda presente no Brasil atual. Reflita e pesquise sobre quais são as forças políticas, sociais e econômicas que sustentam ou até mesmo agravam o abismo existente entre o direito à renda e a realidade social.

2. Com relação aos programas de renda mínima de caráter universal, ou seja, aqueles destinados a todos, e não apenas a grupos seletos, existe um argumento que afirma sua inviabilidade, justificando que, em geral, os países não dispõem de recursos suficientes para manter tais iniciativas. Reflita sobre a situação orçamentária do Brasil e desenvolva uma análise acerca da aplicabilidade e da efetividade desse tipo de programa em nosso país.

Questões para reflexão

Ao propormos estas questões, pretendemos estimular sua reflexão crítica sobre temas que ampliam a discussão dos conteúdos tratados no capítulo, contemplando ideias e experiências que podem ser compartilhadas com seus pares.

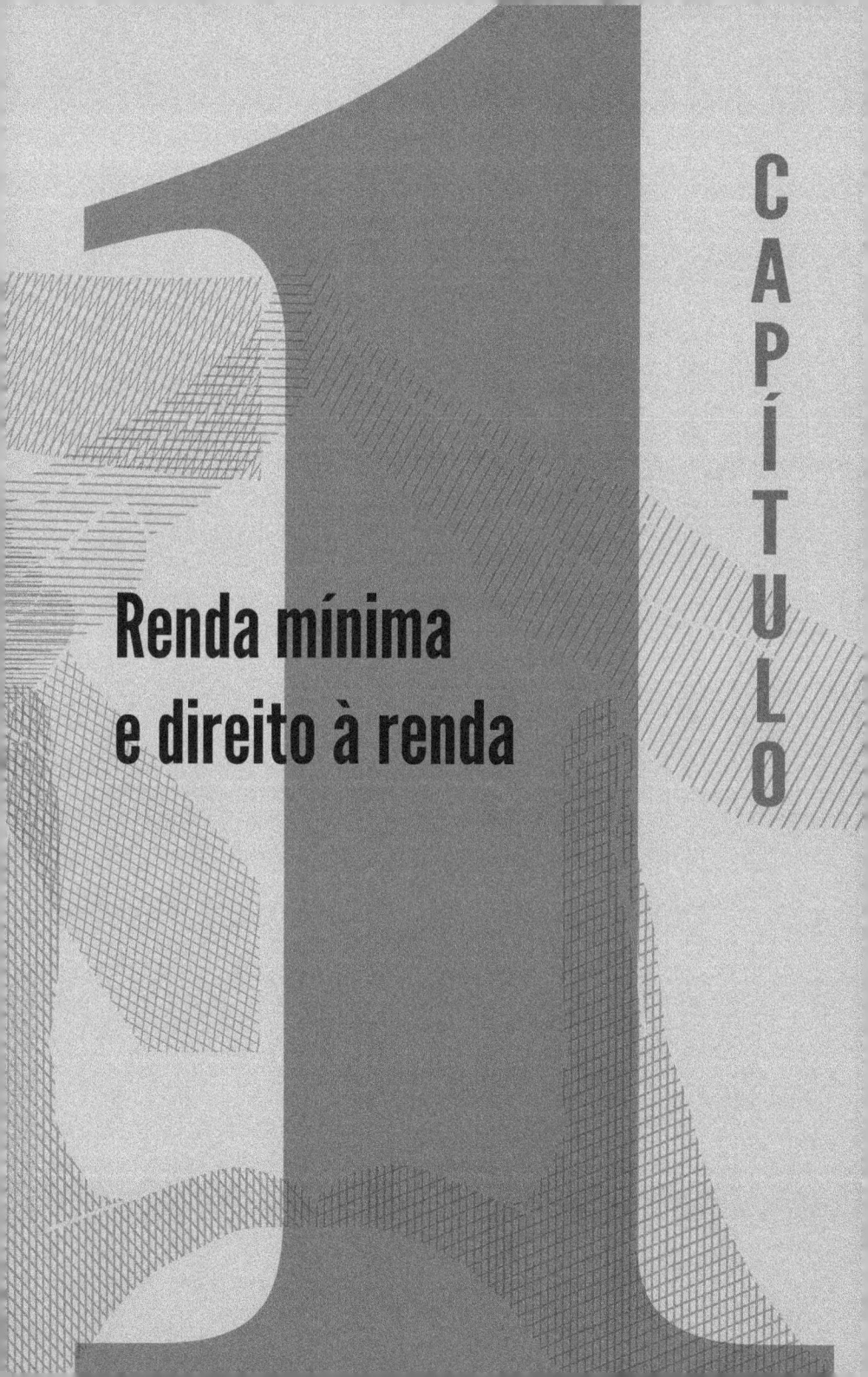

Renda mínima e direito à renda

CAPÍTULO 1

Conteúdos do capítulo:

- Direito à renda.
- Desigualdade de renda no Brasil e no mundo.
- Propostas de renda mínima ou renda básica.

Após o estudo deste capítulo, você será capaz de:

1. reconhecer a renda como um direito universal;
2. compreender os desafios inerentes à desigualdade social no Brasil e no mundo;
3. apontar alternativas para efetivar o direito à renda e minimizar as desigualdades.

Quando discutimos sobre o mínimo necessário para a sobrevivência do ser humano, deparamos com algumas questões essenciais:

1. Qual é o mínimo necessário para se viver?
2. Quais são os itens básicos para assegurar a sobrevivência e a dignidade?
3. De quem é a responsabilidade pela falta do essencial?

Com essas perguntas, vem à tona o confronto entre o conceitos de *mínimo* e de *básico*, constatando-se que, tanto em um caso quanto no outro[1], não existe clareza acerca dos patamares adequados para delimitá-los.

1.1 Conceitos básicos relacionados à renda

Sabemos que, em uma sociedade capitalista[2], a sobrevivência é mediada pelo consumo. O acesso aos itens mais elementares ao desenvolvimento humano ocorre por meio de relações de compra e venda, seja de bens, seja de serviços.

---

1 Aprofundaremos a discussão acerca da distinção entre esses dois conceitos mais adiante, ainda neste capítulo.

2 A sociedade capitalista é aqui entendida como aquela na qual vigora predominantemente o modo de produção capitalista. Esse modelo é objeto da teoria crítica de Karl Marx, que aponta elementos essenciais a seu funcionamento e a sua perpetuação, como a exploração do trabalho, a valorização do capital nas distintas relações de produção e de reprodução social e a acumulação. A estrutura que mantém o funcionamento do capitalismo gera desigualdade, exclusão social e empobrecimento da classe trabalhadora (Iamamoto, 2013; Souza; Meirelles; Lima, 2016).

Exemplificando

Para que uma mãe assegure a alimentação para seu filho, ela precisa ter dinheiro para comprar alimentos. Ainda que seja um bebê que apenas mama no peito, a mãe necessita de recursos para que ela própria tenha uma boa alimentação. Mesmo que a família se alimente do que produz em sua propriedade, seus membros também têm de adquirir insumos para essa produção, além de ter acesso a itens complementares para que lhes seja garantida uma nutrição completa.

O exemplo enfoca a questão da alimentação, mas a renda é determinante também para a definição do grau de acesso dos indivíduos aos demais direitos garantidos no art. 6º da Constituição Federal de 1988, ou seja, aquela população que tem maior renda dispõe de acesso às melhores escolas, aos melhores tratamentos de saúde e às maiores possibilidades de conhecimentos e vivências culturais, entre outros benefícios (Brasil, 1988; Crespo; Gurovitz, 2002). Assim, estar sem dinheiro em uma sociedade capitalista significa ser excluído da sociabilidade, deparar com uma condição de "não cidadão".

Na organização da sociedade capitalista, segundo Marx (2008), a classe trabalhadora participa da distribuição da riqueza por meio do salário. Contudo, o salário não expressa uma partilha equitativa, nem em relação ao trabalho dedicado para a geração da riqueza por meio da produção, nem quanto às necessidades do trabalhador (Marx, 2008). O trabalho assalariado implica uma relação com um empregador e, assim, vai se confundindo com o emprego, embora muitas práticas de trabalho ocorram desvinculadas de relações empregatícias formais.

No entanto, não se pode estabelecer uma relação linear que condicione o acesso à renda ao trabalho. É necessário considerar as diferentes variáveis que incidem sobre o acesso ou não ao mercado de trabalho e à renda decorrente dessa relação.

Para abordar essa situação, vale reconhecer que nem todos compõem a população economicamente ativa. O conceito de **população economicamente ativa** está relacionado ao ciclo de vida do adulto, fase em que a pessoa dispõe de condições físicas e mentais para participação no mundo do trabalho. Nas pesquisas do Instituto Brasileiro de Geografia e Estatística (IBGE, 2020), esse grupo é definido como composto "pelas pessoas de 10 a 65 anos de idade que foram classificadas como ocupadas ou desocupadas na semana de referência da pesquisa".

Para esclarecermos melhor essa definição, vamos apontar a seguir alguns grupos populacionais que não participam da dinâmica do mundo do trabalho, seja pela idade, seja por outras limitações.

- **Crianças e adolescentes** – Existe um grande conjunto de crianças e de adolescentes que ainda não se encontram em idade produtiva e dependem integralmente da renda de um adulto responsável. Eles ainda não tiveram oportunidades de escolha, estando vinculados à realidade socioeconômica e cultural de suas famílias. Segundo o Estatuto da Criança e do Adolescente – Lei n. 8.069, de 13 de julho de 1990 (Brasil, 1990) –, o trabalho remunerado só pode ser realizado a partir dos 14 anos e, entre os 14 e os 16 anos, deve ser realizado na forma de "aprendiz", seguindo regulamentação própria para essa faixa etária.
- **Pessoas idosas** – Essa é outra parcela da população que não tem seu direito à renda diretamente relacionado com o trabalho. As limitações físicas e mentais do envelhecimento concorrem para a progressiva diminuição da capacidade laboral. Entretanto, destacamos que esse fator é relativo e que não existe uma idade determinada para que a pessoa deixe de trabalhar. Aliás, o envelhecimento demográfico geral tem repercutido em práticas e em debates que envolvem a participação crescente dos idosos no mundo do trabalho (Felix, 2016).
- **Pessoas com deficiência** – Embora já se tenha avançado na inclusão das pessoas com deficiência no mercado de trabalho, existem condições severas que as tornam incapazes para atividades produtivas. A legislação brasileira define *pessoa com deficiência* como "aquela que tem impedimento de longo prazo

de natureza física, mental, intelectual ou sensorial, o qual, em interação com uma ou mais barreiras, pode obstruir sua participação plena e efetiva na sociedade em igualdade de condições com as demais pessoas" (Brasil, 2015). Segundo as leis previdenciárias, as pessoas com deficiência mental grave/severa são consideradas como *dependentes*. No entanto, em termos gerais, devem ser levados em conta o direito ao trabalho previsto no Estatuto da Pessoa com Deficiência – Lei n. 13.146, de 6 de julho de 2015 (Brasil, 2015) – e a determinação de percentual mínimo de contratação de pessoas com deficiência, para empresas com mais de 100 funcionários (Brasil, 1991, 2015).

- **Pessoas doentes** – Ainda entre os adultos sem deficiência, existem aqueles que passam por episódios de doença, que podem ser dos mais breves aos de recuperação mais demorada ou até mesmo com progressão degenerativa. Se tomarmos como referência a legislação da previdência social, estes últimos são os casos caracterizados como *invalidez*. São exemplos as situações relacionadas às doenças de tuberculose ativa, esclerose múltipla e neoplasia maligna, entre outras (Brasil, 1991).

Realidades como essas estão entre os motivos que deram origem, no mundo, aos modelos de seguridade social, principalmente no que se refere à previdência social (Faleiros, 2016; Gomes, 2006). Delineiam-se, assim, políticas de proteção à velhice por meio de pensões e de aposentadorias (futuramente), de seguros que dão proteção em casos de doença, de coberturas relacionadas a deficiências e a enfermidades e de sustento das crianças. Em cada país, segundo cada momento histórico, é estabelecido um modelo de cobertura previdenciária. No Brasil, a previdência compreende benefícios que ofertam cobertura de renda diante de situações de gestação/maternidade, doença, invalidez, idade avançada ou morte (Faleiros, 2016; Mallmann; Balestrin; Silva, 2017; Silva, 2015).

Considerando os elementos apresentados até o momento, façamos uma pausa para refletir acerca das seguintes questões:

- Estaria, dessa forma, assegurada a possibilidade de renda para todos?
- Trabalho e previdência atingem toda a população?

Embora com insatisfação, precisamos afirmar que ambas as perguntas têm respostas negativas.

Os benefícios previdenciários brasileiros não atendem a contento às demandas da infância e das pessoas com deficiência dependentes de seus segurados. E, de forma ainda mais crítica, há de se recordar que a previdência social brasileira segue a lógica do seguro, ou seja, só é destinada àqueles que contribuíram previamente com ela.

> O princípio dessa lógica é garantir proteção, às vezes exclusivamente, e às vezes prioritariamente, ao trabalhador e à sua família. É um tipo de proteção limitada, que garante direitos apenas àquele trabalhador que está inserido no mercado de trabalho ou que contribui mensalmente como autônomo ou segurado especial à seguridade social. (Boschetti, 2009, p. 386)

Mais uma vez, a renda está consignada à existência de uma relação formal de trabalho, em grande parte representada pelo trabalho assalariado, via emprego.

Seguindo por essa linha de raciocínio, adentramos ainda uma outra questão: Toda a população adulta, contada na parcela de pessoas aptas para o trabalho, dispõe de iguais condições de acesso ao trabalho e ao emprego? Certamente, os índices de desemprego evidenciam que há desigualdade de acessos. No início de 2019, a taxa de desemprego no Brasil correspondia a 12%, atingindo 12,7 milhões de pessoas (Pnad..., 2019). A responsabilidade pela situação de desemprego não é unicamente individual, como se houvesse uma opção deliberada por não trabalhar e uma consciente irresponsabilidade para com o sustento de seus dependentes. É uma situação que está relacionada diretamente com as conjunturas política e econômica do país.

Fique atento!

Você sabe diferenciar *trabalho* de *emprego*?

Embora os conceitos se confundam, há distinções importantes.
O **trabalho** é inerente às relações sociais humanas. O homem transforma a natureza pelo trabalho e isso ocorre com base em diferentes formas de organização, de acordo com cada tipo de cultura, sociedade e tempo histórico.

No contexto das relações capitalistas, o **emprego** implica a venda da mão de obra para quem detém os meios de produção, mediante uma negociação de horários, atribuições e direitos, da qual decorrerão salário e benefícios mensais ou pelo prazo estabelecido previamente.

No emprego, há relação de subordinação e o trabalhador não detém os direitos e os resultados decorrentes da matéria-prima por ele transformada.

Ainda, no âmbito das sociedades capitalistas, existem formas de trabalho não incorporadas pelas relações empregatícias e que, quer sejam remuneradas, quer não, expressam a contribuição daqueles que as realizam com a construção da sociedade. Como exemplos, podemos mencionar certos tipos de trabalhos domésticos, de atividades culturais e de ações empreendedoras, entre outros.

Qual é a diferença entre relação de emprego e relação de trabalho?

Em alguns casos, ambas são tidas como sinônimos, porém, não podem ser confundidas, possuindo cada uma sua peculiaridade.

[...]

Relação de Emprego:
A relação de emprego ocorre quando estão presentes os requisitos do art. 3º da CLT[3], ou seja, temos uma relação de emprego quando há a prestação de serviços de natureza não eventual a empregador, sob a dependência deste e mediante salário. Destaca-se que a prestação de serviços tem que ser intuitu personae, ou seja, apenas aquela pessoa pode fazer, sendo a mesma insubstituível para aquela tarefa.
[...]
Relação de Trabalho:
A relação de trabalho ocorre quando algum dos requisitos do art. 3º da CLT não são preenchidos, ou seja, basta que um, e apenas um, daqueles critérios não seja suprido para que tenhamos uma relação de trabalho.

Se a prestação dos serviços é eventual, temos a relação de trabalho; se a prestação de serviços não é sob dependência de empregador, temos a relação de trabalho; se para prestar aquele serviço não há o pagamento de salário, teremos a relação de trabalho; e por fim, se pessoa que prestar aquele serviço puder ser substituída, haverá a relação de trabalho.

Geralmente, a relação de trabalho decorre de uma obrigação de fazer, em outras palavras, quando as partes estabelecem uma relação de trabalho, estipula-se, em mesmo nível de direitos e deveres, o que será prestado, sem que nenhuma parte tenha preferência sobre a outra, ou seja, estão equiparadas.

Na relação de emprego, o empregado é o **hipossuficiente** quando comparado ao empregador, ou seja, estão em desigualdade, tanto é que a CLT protege os direitos dos empregados.
[...]

---

3 Consolidação das Leis do Trabalho (CLT) – Decreto-Lei n. 5.453, de 1º de maio de 1943 (Brasil, 1943).

> Um exemplo de **relação de trabalho** é um trabalhador autônomo, que presta serviços, de vez em quando, a uma empresa. Ex: Desenhista cria logotipo para empresa. Esse profissional participa de uma relação de trabalho, visto que não preenche os requisitos do art. 3º da CLT, ou seja, sua prestação de serviços será eventual, não ficará sob dependência do empregador e não receberá um salário, mas sim uma contraprestação em dinheiro equivalente à criação do logotipo.
> Um exemplo de **relação de emprego** é de um operador de máquinas, que trabalha 5 dias por semana, 40 (quarenta) horas, sob ordens e dependência de seu empregador, além de receber salário para efetuar seus serviços e tirar sua subsistência a partir do mesmo.
> É importante frisar que, toda pessoa que trabalhar com carteira assinada, já é considerada empregado, sendo uma redundância falar "empregado com carteira assinada".
> [...]

Fonte: Maidl, 2016, grifos do original.

O cenário capitalista sempre contou com um "exército de reserva", condição essencial à reprodução das relações assalariadas e à potencialização da força do patrão diante das negociações com seus empregados (Iamamoto, 2013). Muitos já devem ter ouvido a seguinte frase: "Se não estiver satisfeito, existe uma porção de gente lá fora desejando a sua vaga!".

O conceito de exército de reserva ou superpopulação relativa está relacionado à massa sobrante, funcional à manutenção do sistema capitalista.

> em razão da concorrência por trabalho assalariado, o exército industrial de reserva pressiona os trabalhadores que estão empregados a se manterem sujeitados aos salários e às condições materiais de produção nos patamares estabelecidos pelo capital. Isso significa que a reserva se estabelece como oferta permanente de força de trabalho passível de substituir parcelas do exército ativo. (Souza; Meirelles; Lima, 2016, p. 52-53)

Outro cenário recorrentemente vivenciado no Brasil é o abismo estabelecido entre as condições de educação e de qualificação daquele que busca emprego e as exigências mínimas para acesso às vagas disponíveis. Nem sempre a disponibilidade de vagas de trabalho é o suficiente para promover a superação do desemprego. "O abismo entre as exigências dos empresários e a qualificação existente fica cada vez maior: dos 13,4 milhões de desempregados no primeiro trimestre de 2019, 635 mil eram considerados difíceis de colocar no mercado – mais do que o dobro do que em 2014, antes da recessão" (Busch, 2019). Esse abismo revela não apenas desajustes do funcionamento do sistema, mas também a reprodução de desigualdades estruturais.

Para refletir

Lembremo-nos das crianças e dos adolescentes mencionados anteriormente e que dependem dos cuidados e da renda dos adultos que são responsáveis por eles.

Façamos, então, uma projeção acerca daqueles que são dependentes de pais que integram o contingente de desempregados no país e não têm acesso à renda.

Avaliemos, por conseguinte, suas condições de acesso à educação e à formação preparatória para o trabalho e seu desempenho caso o consigam.

Podemos estimar (sem, contudo, generalizar) que esses indivíduos terão dificuldades para a admissão em bons empregos e a obtenção de renda, aumentando o abismo entre oportunidades e qualificação.

Superando, em um nível, a discussão sobre o desemprego, adentramos agora no debate sobre a remuneração estabelecida nos salários brasileiros. Os rendimentos médios no Brasil correspondiam, em 2016, a R$ 2.261,00 mensais para homens e R$ 1.743,00 mensais para mulheres. Todavia, dada a desigualdade presente na distribuição da renda no país, consta que 80% da população brasileira vive com renda *per capita* mensal inferior a 2 salários mínimos e que 6 em cada 10 brasileiros, em 2015, viviam como uma renda *per capita* mensal inferior a R$ 792,00 (IBGE, 2018; Oxfam Brasil, 2017). Seria, então, a renda obtida por meio do emprego suficiente para o sustento do trabalhador e de seus dependentes?

Fica claro, a cada desdobramento da discussão, que qualquer afirmação que vincule o direito à renda exclusivamente às relações de trabalho e de emprego é, no mínimo, um grande equívoco. Acerca dessa questão, vale citar a afirmação de Suplicy (2013, p. 82):

> A repartição dos bens e riquezas não se faz a partir da quantidade de trabalho de cada um, mas a partir do todo da riqueza social. Quem não trabalha também tem direito a uma parte da riqueza social. Primeiro, porque quem não trabalha pode estar sendo impedido de trabalhar. Depois, porque é necessário para a paz interna da sociedade que não haja miséria nem desigualdades profundas.

Por esse motivo, a discussão sobre o direito à renda ultrapassa a lógica do trabalho e incorpora novas responsabilidades a serem atribuídas ao Estado e à sociedade como um todo, diante da necessidade de ofertar condições de dignidade e, evidentemente, o acesso à renda necessária para tanto a todos os seus cidadãos (Suplicy, 2013).

1.1.1 Direito à renda

A renda, entendida como direito, é devida a todos, reconhecida sua necessidade para sustentar os acessos fundamentais para a sobrevivência. Podemos destacar dois importantes argumentos relacionados ao direito universal à renda: (1) o custeio das necessidades básicas de sobrevivência e desenvolvimento e (2) a repartição das riquezas comuns.

Para avançarmos na discussão acerca das necessidades básicas, vamos antes refletir sobre a distinção entre conceitos de *necessidades* e *demandas*, apresentada por Kauchakje (2012, p. 21):

Necessidades são próprias da condição humana, ou seja, os seres humanos necessitam de alimento, abrigo, reprodução e saúde, além de liberdade e autonomia, cujo significado "não é só ser livre para agir como bem se entender, mas, acima de tudo, é ser capaz de eleger objetivos e crenças, valorá-los e sentir-se responsável por suas decisões e atos" [...].

Demandas são formas de manifestações de necessidades e carências que são produtos das relações sociais. Por exemplo: todas as pessoas têm necessidade, regularmente, de alimento de qualidade. No entanto, existem pessoas que não contam com alimento algum, consequência das estruturas econômicas dos países e de suas políticas nacionais e internacionais que causam graves desigualdades no tocante à distribuição da riqueza produzida socialmente, bem como ao acesso a esta e aos recursos sociais, culturais e naturais.

Observamos, com base na explicação de Kauchakje (2012), que todas as pessoas têm necessidades e demandas, em primeiro lugar, por sua própria humanidade e, em segundo, por sua participação na sociedade. Diante, então, desses aspectos, é indispensável reconhecer que a lógica de suas satisfações é mediada pelo mercado, quando vivemos em um contexto capitalista. Por mais que possamos obter alimento ou atendimento de saúde de forma gratuita, houve um investimento anterior para o cultivo/transporte/preparo daquele alimento, bem como para a formação do profissional de saúde e a aquisição de recursos materiais necessários ao atendimento. Assim, ainda que a oferta seja gratuita, ao final, houve mediação do mercado, ao longo de seu processo produtivo (Casemiro; Valla; Guimarães, 2010; Frei Betto, 2007).

A respeito da alimentação mediada pelo mercado em sociedades capitalistas, destacamos a contribuição de Casemiro, Valla e Guimarães (2010, p. 2089):

O debate acerca de hábitos alimentares não se restringe, portanto, ao plano biológico ou às necessidades fisiológicas. A alimentação é uma construção cultural, tem caráter simbólico "cujo significado se dá na trama das relações sociais", sendo "referenciada pelos diferentes perfis de consumo compartilhados em cada sociedade que criam expectativas e valores em torno do processo".

No contexto urbano, com seu forte apelo ao consumo e em que a aquisição de alimentos se dá prioritariamente a partir de relações mercantis, o debate sobre o direito à alimentação em bairros empobrecidos apresenta-se como grande desafio.

É incontestável, dessa forma, que o acesso às necessidades humanas mais imediatas exige o acesso à renda e isso, por si só, é uma justificativa para sua desvinculação com as relações diretas e obrigatórias de trabalho e emprego. Contudo, para além dos elementos que determinam a sobrevivência humana, é preciso considerar também que há a necessidade de uma quantidade mínima de recursos, para que se possa fazer parte da sociedade e desfrutar dos direitos de cidadania firmados em seu contexto. O acesso à renda vincula-se igualmente ao acesso a serviços de qualidade, à possibilidade de participação política e ao exercício dos direitos civis, políticos e sociais (Casemiro; Valla; Guimarães, 2010; Crespo; Gurovitz, 2002; Frei Betto, 2007).

A própria exposição à violência, tanto como vítima quanto como agressor, é ampliada na medida em que uma pessoa tem seu acesso à renda restringido. No conto *Utopia*, escrito por Thomas More e publicado em 1516, os personagens dialogam acerca da pena de morte, que era debatida na Inglaterra naquele período, indicando-se a necessidade de se antecipar às situações causadoras da violência para evitar medidas também violentas para sua "solução". Assim, encontra-se a seguinte afirmação de um dos personagens: "Ao invés de infligir estes castigos horríveis, seria muito melhor prover a todos algum meio de sobrevivência, de tal maneira que ninguém estaria se submetendo à terrível necessidade de se tornar primeiro um ladrão e depois um cadáver" (More, 1516, citado por Suplicy, 2013, p. 90).

Avancemos agora no debate que ultrapassa a renda para a satisfação das necessidades básicas e que compreende a questão da justa repartição das riquezas comuns, ou riquezas sociais. É importante contextualizar que a dinâmica da propriedade privada não é comum a todas as sociedades e culturas, mas é uma construção social presente no capitalismo, assim como em outros modelos que o precederam (Marx, 2008).

A propriedade privada acaba por tornar certas riquezas que deveriam ser compartilhadas por todos em bens de poucos. A terra, os minérios e as belezas naturais são exemplos de bens que deveriam pertencer ao coletivo, mas que foram destinados à exploração de um número limitado de indivíduos ou de grupos (Suplicy, 2013). Como exemplo, podemos mencionar a produção de petróleo e de minérios no Brasil, que repercute em riquezas para determinadas empresas autorizadas a fazer sua exploração, podendo ser estatais ou mesmo privadas. O que autoriza um governo a privatizar uma empresa que explora bens naturais? Em que medida a riqueza resultante de tal exploração é compartilhada com os demais cidadãos do mesmo estado ou país? Assim ocorre com a exploração comercial de locais turísticos que atraem visitantes em razão de sua beleza natural. Sob essa perspectiva, riquezas dadas gratuitamente pela natureza deveriam ser compartilhadas com todos os cidadãos de seu território, ainda que consideradas as despesas necessárias a sua exploração e/ou manutenção.

De forma complementar, no panorama da discussão acerca da apropriação de riquezas comuns pela propriedade privada, é preciso ainda correlacioná-la ao modelo de exploração do trabalho humano, na lógica capitalista. É o debate sobre a mais valia, que ocorre na acumulação do capital pelos detentores dos meios de produção, na subvalorização do trabalho e na paralela alienação entre o trabalhador e o produto do trabalho. Esse modelo fundamenta as relações de trabalho na sociedade capitalista e implica a produção de uma série de desigualdades.

Logo, o contexto atual vivido no mundo e no Brasil, onde é hegemônico o modo de produção capitalista, impacta diretamente o não acesso à renda e permite questionar sua má distribuição, bem como exigir a parte que é de direito de todos e de cada um.

1.2 Desigualdade de renda no Brasil e no mundo

Um dos aspectos de maior crítica ao modelo capitalista é sua incapacidade de distribuir, de maneira justa, a riqueza produzida. O acesso a parte da riqueza é mediado por relações de exploração que podem chegar a extremos.

O pensamento liberal foi consolidado na hipótese de que o mercado se autorregulasse, em um movimento de "demanda e procura". Adam Smith defendeu a teoria da "mão invisível", segundo a qual as regras do próprio mercado regulariam seu desenvolvimento e prescindiriam da intervenção do Estado. No entanto, as crises do capitalismo evidenciaram a fragilidade dessas afirmações.

Outra teoria presente no pensamento liberal é a de que primeiro se deve investir para crescer e depois buscar distribuir os resultados desse crescimento. É a figura do bolo, que deve primeiro desenvolver-se e consolidar-se para posteriormente ser dividido em fatias.

Entretanto, também essas teorias se mostraram equivocadas, uma vez que, mesmo em casos de países com grande crescimento econômico, não houve posterior repartição de riqueza entre todos os seus cidadãos. Grande exemplo desse (mal)feito é o caso do Brasil, pois o país já ocupou, em 2011, o lugar de sexta maior economia mundial, ou seja, o sexto maior Produto Interno Bruto (PIB), mas, em estudo social publicado em 2017, foi identificado como o décimo país mais desigual em um *ranking* de 140 países.

> Entre os países para os quais existem dados disponíveis, o Brasil é o que mais concentra renda no 1% mais rico, sustentando o 3º pior índice de Gini na América Latina e Caribe (atrás somente da Colômbia e de Honduras). Segundo o último Relatório de Desenvolvimento Humano do Programa das Nações Unidas para o Desenvolvimento (Pnud) o Brasil é o 10º país mais desigual do mundo, num ranking de mais de 140 países. Por aqui, a desigualdade é extrema. (Oxfam Brasil, 2017, p. 21)

Falando em repartir o bolo, vamos usar essa mesma figura para analisar alguns dados acerca da desigualdade, publicados em 2017 pela Oxfam Brasil no relatório *A distância que nos une: um retrato das desigualdades brasileiras* e publicados em 2018 pelo IBGE no relatório *Síntese de indicadores sociais: uma análise das condições de vida da população brasileira – 2018*. Vejamos a seguir os dados de divisão de renda no mundo e no Brasil, considerando-se os primeiros anos da década de 2010 (IBGE, 2018; Oxfam Brasil, 2017).

Divisão de renda no Brasil e no mundo

Mundo:

- Oito pessoas têm patrimônio igual ao do conjunto de todas as outras que estão na metade mais pobre da população mundial.
- O 1% mais rico da população mundial tem renda igual ao conjunto dos demais 99%.
- Mais de 700 milhões de pessoas no mundo estão em situação de extrema pobreza, com renda menor do que US$ 1,90 por dia.

Brasil:

- Os 5% mais ricos da população brasileira têm renda igual ao conjunto dos demais 95%.
- Mais de 25% da renda está concentrada entre o 1% mais rico da população.
- Uma trabalhadora que recebe um salário mínimo por mês teria de trabalhar por 4 anos para receber a renda mensal das pessoas que se encontram no 1% mais rico e por 19 anos para alcançar a renda mensal dos super-ricos (0,1% dos mais ricos).
- Entre 2000 e 2016, o número de bilionários brasileiros aumentou de aproximadamente 10 para 31.
- O rendimento médio de homens no Brasil é de R$ 2.261,00, e o de mulheres é de R$ 1.743,00.

- O rendimento médio de brancos é de R$ 2.615,00, e o de negros/pardos é de R$ 1.516,00.
- Quase 55 milhões de brasileiros encontravam-se, em 2017, em situação de pobreza, com renda inferior a US$ 5,50, sendo que, destes, mais de 25 milhões residiam na Região Nordeste.
- Mais de 16 milhões de brasileiros encontravam-se em situação de extrema pobreza em 2017, com rendimentos iguais ou inferiores a um quarto do salário mínimo por mês, por pessoa.
- No estado do Maranhão, em 2017, 54,1% da população encontrava-se em situação de pobreza, enquanto apenas 8,5% da população do estado de Santa Catarina estava nessa faixa de renda.
- Nas Regiões Norte e Nordeste, 50% da população apresenta renda de até meio salário mínimo *per capita* por mês, enquanto apenas 7,8% da população tem renda superior a 2 salários mínimos *per capita* por mês.
- 43,4% das crianças e dos adolescentes (de 0 a 14 anos) encontram-se em famílias cujo rendimento mensal *per capita* é igual ou inferior a meio salário mínimo, ou seja, estão em situação de pobreza.
- 35,9% da população brasileira vive em domicílios sem esgotamento sanitário por rede geral.

Conforme demonstram os dados apresentados, há grande desigualdade na distribuição de renda. A evidência dos contrastes gerados pelo capitalismo é reforçada por práticas de exclusão e por privilégios presentes em países como o Brasil[4]. Demanda-se, assim, ao poder público um posicionamento capaz de promover a redistribuição dos recursos. Nessa conjuntura, são desenvolvidas as políticas sociais.

---

4 Roberto DaMatta, em seu livro *A casa e a rua: espaço, cidadania, mulher e morte no Brasil*, discute a questão da cidadania e da igualdade, comparando o Brasil a outros países capitalistas, como os Estados Unidos. O autor problematiza o fato de que, no Brasil, as relações interpessoais se sobressaem quando ocorre o acesso aos direitos, o que sustenta uma rede de privilégios (DaMatta, 1997).

1.3 Propostas de renda mínima ou renda básica

O debate acerca dos conceitos de *mínimo* e *básico* é explorado pela autora Potyara Pereira (2002) quando discute a política de assistência social, reconhecida por lei em sua função de atender aos mínimos sociais e às necessidades básicas, conforme texto do art. 1º da Lei Orgânica de Assistência Social (Loas) – Lei 8.742, de 7 de dezembro de 1993 (Brasil, 1993b):

> Art. 1º A assistência social, direito do cidadão e dever do Estado, é Política de Seguridade Social não contributiva, que provê os mínimos sociais, realizada através de um conjunto integrado de ações de iniciativa pública e da sociedade, para garantir o atendimento às necessidades básicas.

Na análise de Pereira (2002), há uma importante distinção: quando se fala em *mínimo*, pressupõe-se a menor medida possível e, quando se fala em *básico*, trata-se de condições elementares para que algo exista ou sobreviva.

> **Mínimo** e **básico** são, na verdade, conceitos distintos, pois, enquanto o primeiro tem conotação de **menor**, de **menos**, em sua acepção mais ínfima, identificada com patamares de satisfação de necessidades que beiram a desproteção social, o segundo não. O **básico** expressa algo **fundamental, principal, primordial**, que serve de base de sustentação indispensável e fecunda ao que a ela se acrescenta. Por conseguinte, a nosso ver, o **básico** que na LOAS qualifica as necessidades a serem satisfeitas (necessidades básicas) constitui o pré-requisito ou as condições prévias suficientes para o exercício da cidadania em acepção mais larga. Assim, enquanto o **mínimo** pressupõe supressão ou cortes de atendimento, tal como propõe a ideologia liberal, o **básico** requer investimentos sociais de qualidade para preparar o terreno a partir do qual maiores atendimentos podem ser prestados e otimizados. Em outros termos, enquanto o **mínimo** nega o "ótimo" **de atendimento**, o básico é mola mestra que impulsiona a satisfação básica de necessidades em direção ao ótimo. (Pereira, 2002, p. 26-27, grifo do original)

Assim, segundo a autora, há uma distinção conceitual e prática no que se refere a *mínimo* e *básico*, o que implica diferentes interpretações no campo da execução da lei e da consolidação do art. 1º da Loas no cotidiano da política de assistência social.

Exemplificando

Considerando a dinâmica salarial, vamos refletir sobre qual é o valor estabelecido por lei como salário mínimo para uma mãe de família, trabalhadora, responsável sozinha pelo sustento de si, de sua casa e de seus dois filhos pequenos, de 2 e 7 anos. Em setembro de 2020, esse valor correspondia a R$ 1.045,00.

Agora, vamos estimar qual seria o básico para que essa mãe assegurasse o desenvolvimento com saúde e dignidade de seus filhos e de si própria? O que seria necessário? Quanto custaria?

Se tomarmos como referência os estudos mensais desenvolvidos pelo Departamento Intersindical de Estatística e Estudos Socioeconômicos (Dieese), que fazem uma projeção acerca do salário mínimo necessário para que sejam atendidas as necessidades básicas do trabalhador e de sua família, esse valor corresponderia a R$ 4.892,75 para o mês de agosto de 2019 (Dieese, 2019).

A diferença entre o valor mínimo convencionado para o/a trabalhador/a brasileiro/a e o necessário para que ele a tenha acesso às condições básicas de sobrevivência evidencia a distinção entre os conceitos, segundo a lógica de Pereira (2002)[5].

---

5 Esclarecemos aqui que o exemplo assumido para análise, relacionado ao salário mínimo, está firmado na atual prática deste, que explicita uma grande diferença entre o mínimo praticado e o básico necessário. Contudo, destacamos que, por lei, o salário mínimo deveria ser fixado de forma a atender às necessidades básicas, superando o conceito de *mínimo* e avançando para o de *básico*, como podemos observar no texto do inciso IV do art. 7º da Constituição Federal de 1988: "salário mínimo, fixado em lei, nacionalmente unificado, capaz de atender a suas necessidades vitais básicas e às de sua família com moradia, alimentação, educação, saúde, lazer, vestuário, higiene, transporte e previdência social, com reajustes periódicos que lhe preservem o poder aquisitivo, sendo vedada sua vinculação para qualquer fim" (Brasil, 1988).

A delimitação do salário mínimo no Brasil, embora atualmente reconhecida como defasada, é considerada uma conquista no marco dos direitos de cidadania, uma vez que inibe que relações trabalhistas formais sejam estabelecidas por um valor mensal inferior ao firmado nacionalmente. Todavia, apresenta limitações, seja pelo aspecto de sua depreciação, seja pelo fato de atingir apenas a parcela populacional com vínculo empregatício ou beneficiária de prestações cujo valor de referência acompanha o salário mínimo oficial, a exemplo das aposentadorias e do Benefício de Prestação Continuada (BPC)[6] (Brasil, 1988, 1991, 1993b). Isso significa que a parte da população que não tem vínculos empregatícios formais nem é beneficiária da previdência social ou do BPC da assistência social segue sem garantia de uma renda mínima por mês (Suplicy, 2013).

Entretanto, a distinção conceitual acerca de *mínimo* e *básico* não é um consenso entre os autores que discutem o direito à renda, seu acesso e suas formas de distribuição. No que diz respeito aos programas de transferência de renda, que se propõem a equilibrar a distribuição de renda do Estado e diminuir desigualdades, vêm sendo formuladas propostas que levam o nome de *renda mínima* ou *renda básica* (Suplicy, 2013) e não contemplam, essencialmente, distinções que permitam acompanhar a lógica anteriormente descrita, desenvolvida por Potyara Pereira (2002).

Em uma análise dos programas e das medidas de transferência de renda apresentados e discutidos no livro *Renda de cidadania: a saída é pela porta*, de Eduardo Matarazzo Suplicy (2013), identifica-se um conjunto variado de nomenclaturas, que compreendem as expressões *renda mínima* e *renda básica*, bem como *renda cidadã* e *renda de cidadania*, entre outras. Embora

---

6 Segundo a lei que define os benefícios da previdência social, nenhum benefício que seja substitutivo ao salário pode ter valor inferior ao salário mínimo (Brasil, 1991). No campo da assistência social, o benefício mensal destinado a pessoas idosas ou com deficiência que não disponham de condições de manter seu sustento é equivalente a um salário mínimo (Brasil, 1988, 1993b).

não sejam observadas distinções significativas no que se refere ao conceito associado a cada uma dessas denominações, há de se destacar que as propostas são distintas em conteúdo, forma de aplicação e perspectiva ideológica. Ainda que todas as iniciativas visem à transferência de renda, algumas são estruturadas com base em práticas mais focalizadas, enquanto outras tendem a ser mais universais. Existem, assim, modelos que visam distribuir renda entre os mais pobres e outros que propõem igual distribuição para todos (Lavinas; Varsano, 1998; Suplicy, 2013). A experiência de renda mínima mais conhecida no Brasil é o Programa Bolsa Família, que tem uma perspectiva mais focalista, uma vez que é direcionado a famílias que comprovam situação de baixa (ou mesmo baixíssima) renda.

Com base em uma perspectiva mais universalista, há a Lei n. 10.835, de 8 de janeiro de 2004 (Brasil, 2004b), que visa à transferência de renda para todos os brasileiros. Essa lei teve como proposta instituir o benefício convencionado como *Renda Básica de Cidadania*. Observemos os textos do *caput* e do parágrafo 2º do art. 1º dessa lei:

> Art. 1º É instituída, a partir de 2005, a renda básica de cidadania, que se constituirá no direito de todos os brasileiros residentes no País e estrangeiros residentes há pelo menos 5 (cinco) anos no Brasil, não importando sua condição socioeconômica, receberem, anualmente, um benefício monetário.
>
> [...]
>
> § 2º O pagamento do benefício deverá ser de igual valor para todos, e suficiente para atender às despesas mínimas de cada pessoa com alimentação, educação e saúde, considerando para isso o grau de desenvolvimento do País e as possibilidades orçamentárias. (Brasil, 2004b)

A proposta da Renda Básica de Cidadania apresenta uma nova perspectiva para a transferência de renda no país e foi aprovada por lei. No entanto, mesmo depois de mais de uma década, não se viu sua efetivação pelo poder público brasileiro. Propostas semelhantes são defendidas tendo em vista que o acesso à renda deve ser assegurado a todos, independentemente de seu *status* de trabalho/emprego (Suplicy, 2013).

O que unifica as propostas de uma renda mínima universal é a lógica de que se trata de um direito de todos e não se pode delimitar um critério que exclua este ou aquele cidadão. O valor mensal é apenas um ponto de partida para a renda pessoal/familiar, que será complementada por meio do trabalho, da lucratividade em atividades empresariais ou de outras formas (Suplicy, 2013).

O debate internacional acerca da renda básica é fomentado pela Basic Income European Network (Bien) – em português, Rede Europeia da Renda Básica –, instituição criada em 1986 para desenvolver estudos e estratégias capazes de "defender a instituição de uma renda básica universal. Ou seja, o direito de todas as pessoas incondicionalmente receberem uma soma suficiente para as suas necessidades" (Suplicy, 2013, p. 131).

No início da década de 1990, os pensadores fundadores da Bien iniciaram ciclos de palestras no Brasil, bem como em outros países da América, apresentando seu ponto de vista, que se diferencia das propostas focalizadas, voltadas a segmentos específicos da população. Uma das bases de seus argumentos é o compromisso com a dignidade de quaisquer beneficiários, sem impor condições que lhes possam ser vexatórias ou mesmo excludentes. Além disso, sua proposta tem fundamento no direito à renda que é devido a todos e não deve ficar restrito às relações de trabalho e de emprego.

Podemos compreender melhor esse argumento mediante as palavras de Philippe Van Parijs, citado por Suplicy (2013, p. 133):

> é importante que a renda mínima garantida possa assegurar a maximização da liberdade real em suas dimensões de renda e de poder sem atentar contra esse respeito por si mesmo [...]. Para isso, é essencial que ela seja distribuída de uma maneira que não estigmatize, não humilhe os beneficiários e que essa distribuição se faça, em particular, sem controle de recursos [...] e sem controle da vida privada (requerido para verificar, por exemplo, o status de solitário ou de coabitante).

Argumentos contrários a essas propostas tratam da limitação dos fundos públicos para sustentar tamanho repasse de recursos. O cenário orçamentário e financeiro no Brasil se demonstra, contudo, bastante controverso. Um exemplo disso é a decisão pela aprovação do Novo Regime Fiscal, em 2016, quando os legisladores votaram pelo congelamento das despesas com políticas sociais por 20 anos[7], assim como a instituição, em 2017, do Fundo Especial de Financiamento de Campanha, destinado a partidos e candidatos, cujos valores dirigidos às campanhas do ano eleitoral de 2018 alcançaram cerca de 2 bilhões de reais[8] (Brasil, 2016a, 2017a, 2017b, 2018i). Recursos públicos não são, portanto, insuficientes, são apenas direcionados de forma distinta, atendendo a determinados grupos de prioridades em detrimento de outros.

Síntese

Neste capítulo, tratamos do direito à renda, esclarecendo que todos têm esse direito, uma vez que as necessidades humanas básicas, em sua maioria, são atendidas com base na mediação das relações comerciais. Assim, é direito humano o acesso à renda para que o indivíduo possa satisfazer suas necessidades e suas demandas, como alimentação, saúde, transporte e segurança. Também destacamos que a tese do direito à renda está assentada na distribuição das riquezas sociais, que deveriam ser repartidas entre todos; porém, elas são acumuladas por aqueles que se

---

7 Aprovada por meio da Emenda Constitucional n. 95, de 15 de dezembro de 2016, que "Altera o Ato das Disposições Constitucionais Transitórias, para instituir o Novo Regime Fiscal, e dá outras providências" (Brasil, 2016a).

8 Acerca do Fundo Especial de Financiamento de Campanha, recomendamos a leitura dos seguintes documentos: Lei n. 13.487, de 6 de outubro de 2017 (Brasil, 2017a), que o institui; a nota explicativa, com detalhamento de valores, publicada pelo Tribunal Superior Eleitoral (TSE), em seu portal eletrônico (Brasil, 2018i); e a Nota Técnica Conjunta n. 6, de 2017, que aborda a destinação de recursos ao fundo, situa que ele pode ultrapassar os 2 bilhões de reais e trata de sua não vinculação com o teto de gastos (Brasil, 2017b).

apropriam delas como se fossem propriedade privada, no âmbito das relações capitalistas.

Por fim, explicamos que, apesar do reconhecimento do direito à renda, este ainda não é exercido por todas as pessoas, principalmente em países desiguais. Nesse sentido, o Brasil apresenta um cenário de grande desigualdade social, uma vez que 95% da população fica com metade da riqueza do país, ao passo que a outra metade é dividida entre os 5% restantes. O país ainda conta com quase 55 milhões de pessoas em situação de pobreza e mais de 16 milhões em situação de extrema pobreza. Assim, observa-se a necessidade de intervenções concretas do Estado para a superação desse cenário, as quais devem ser exigidas pela sociedade civil.

Questões para revisão

1. O direito à renda pode ser justificado pela compreensão de que as necessidades humanas básicas, em sua maioria, são atendidas, na sociedade capitalista contemporânea, mediante relações comerciais. Porém, esta não é a única justificativa para a defesa do direito à renda. Nesse sentido, assinale a alternativa que completa corretamente a seguinte frase:

    Outro argumento que sustenta a tese do direito à renda está relacionada _____.

    a) à solidariedade religiosa, que prevê a igualdade entre todos os seres humanos, que são unidos em igual condição espiritual.
    b) ao trabalho realizado por todos, afinal, ninguém pode sobreviver sem trabalhar.
    c) ao conceito de política social eletiva e pontual, que compreende a transferência de renda para os mais vulneráveis.
    d) à justa repartição das riquezas comuns e sociais, expressas nos resultados decorrentes da produção coletiva ou da exploração de bens naturais.
    e) à previdência e à seguridade social, que dão cobertura aos cidadãos incapazes para o trabalho.

2. Considerando a relação do direito à renda com a necessidade de vínculo ao mercado de trabalho formal, assinale a afirmativa correta:

   a) O acesso à renda é um direito de quem trabalha e conquista seu dinheiro com base no esforço diário. Quem não trabalha não pode exigir nada, mas deveria procurar um emprego.
   b) As únicas pessoas que têm direito à renda sem ter emprego são as crianças pequenas e os muito idosos, pois não têm condições físicas e mentais para o trabalho.
   c) Qualquer iniciativa de distribuição de renda desvinculada do trabalho é fadada ao fracasso, pois privilegia quem insiste em permanecer no ócio.
   d) A renda e os benefícios decorrentes do trabalho devem ser destinados exclusivamente àqueles que têm vínculos empregatícios, pois a informalidade é também um tipo de criminalidade.
   e) Há pessoas que desejam trabalhar e estão aptas para tanto, mas encontram-se afastadas do mercado formal, em razão do desemprego. Elas e suas famílias também têm direito à renda.

3. "Ao invés de infligir estes castigos horríveis, seria muito melhor prover a todos algum meio de sobrevivência, de tal maneira que ninguém estaria se submetendo à terrível necessidade de se tornar primeiro um ladrão e depois um cadáver" (More, citado por Suplicy, 2013, p. 90).

   Assinale a alternativa que apresenta a ideia defendida pelo autor da afirmação:

   a) A violência também é um tipo de resultado da injusta repartição das riquezas.
   b) Todo pobre é violento e assassino.
   c) Todo ladrão merece ser também um cadáver, ou seja, merece a morte.

d) A violência é uma expressão exclusiva das camadas empobrecidas da sociedade.
e) A violência é uma opção pessoal, cuja responsabilidade é unicamente do sujeito que a praticou.

4. Descreva, de forma simples, a diferença entre os conceitos de *mínimo* e *básico* segundo a compreensão de Potyara Pereira (2002).

5. Desenvolva um texto em que você analise o conteúdo da Lei n. 10.835/2004 e sua efetividade na sociedade brasileira.

Questões para reflexão

1. Considere, por um lado, o direito à renda, que cabe a todas as pessoas, e, por outro, o cenário de distribuição de renda presente no Brasil atual. Reflita e pesquise sobre quais são as forças políticas, sociais e econômicas que sustentam ou até mesmo agravam o abismo existente entre o direito à renda e a realidade social.

2. Com relação aos programas de renda mínima de caráter universal, ou seja, aqueles destinados a todos, e não apenas a grupos seletos, existe um argumento que afirma sua inviabilidade, justificando que, em geral, os países não dispõem de recursos suficientes para manter tais iniciativas. Reflita sobre a situação orçamentária do Brasil e desenvolva uma análise acerca da aplicabilidade e da efetividade desse tipo de programa em nosso país.

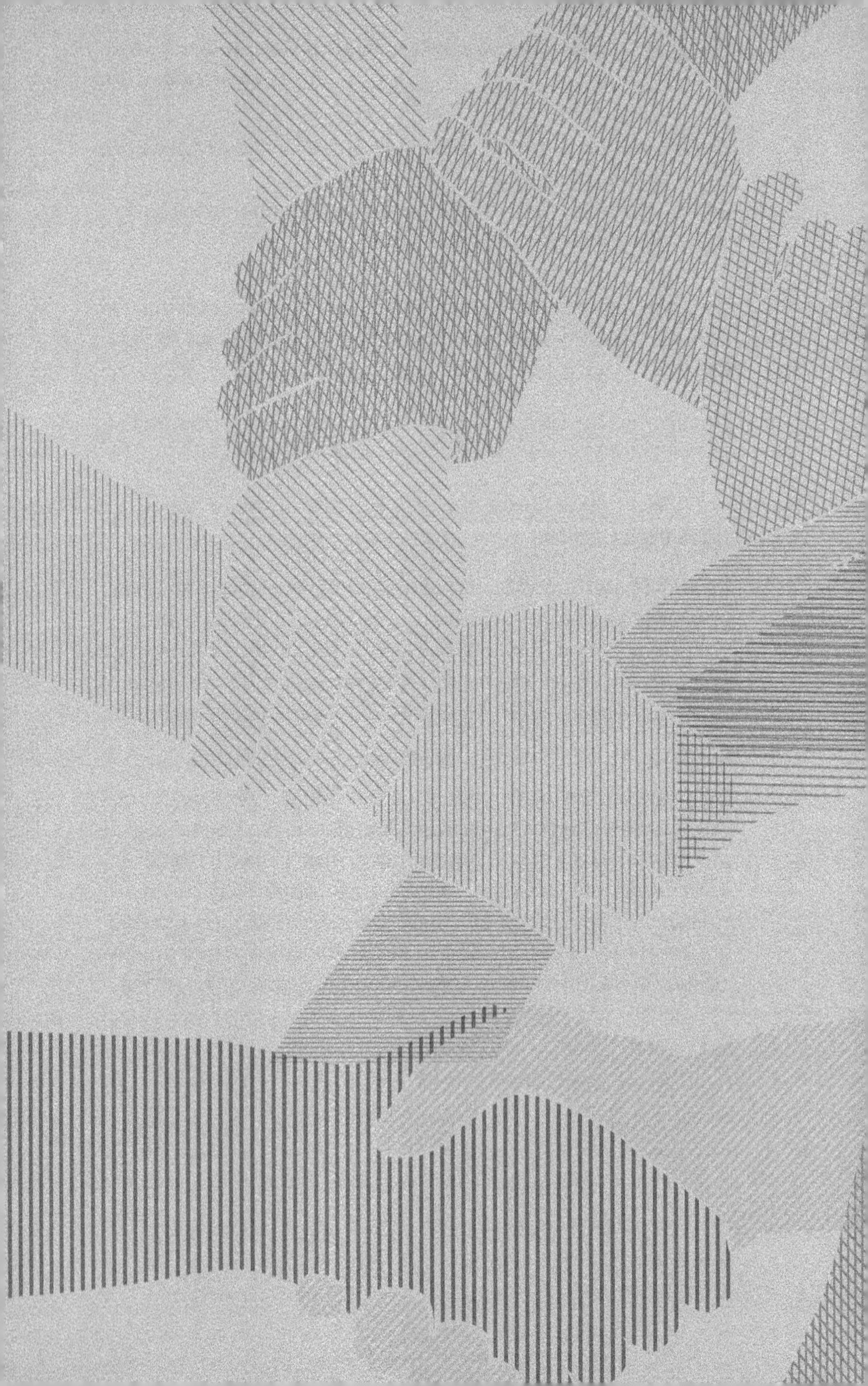

CAPÍTULO 2

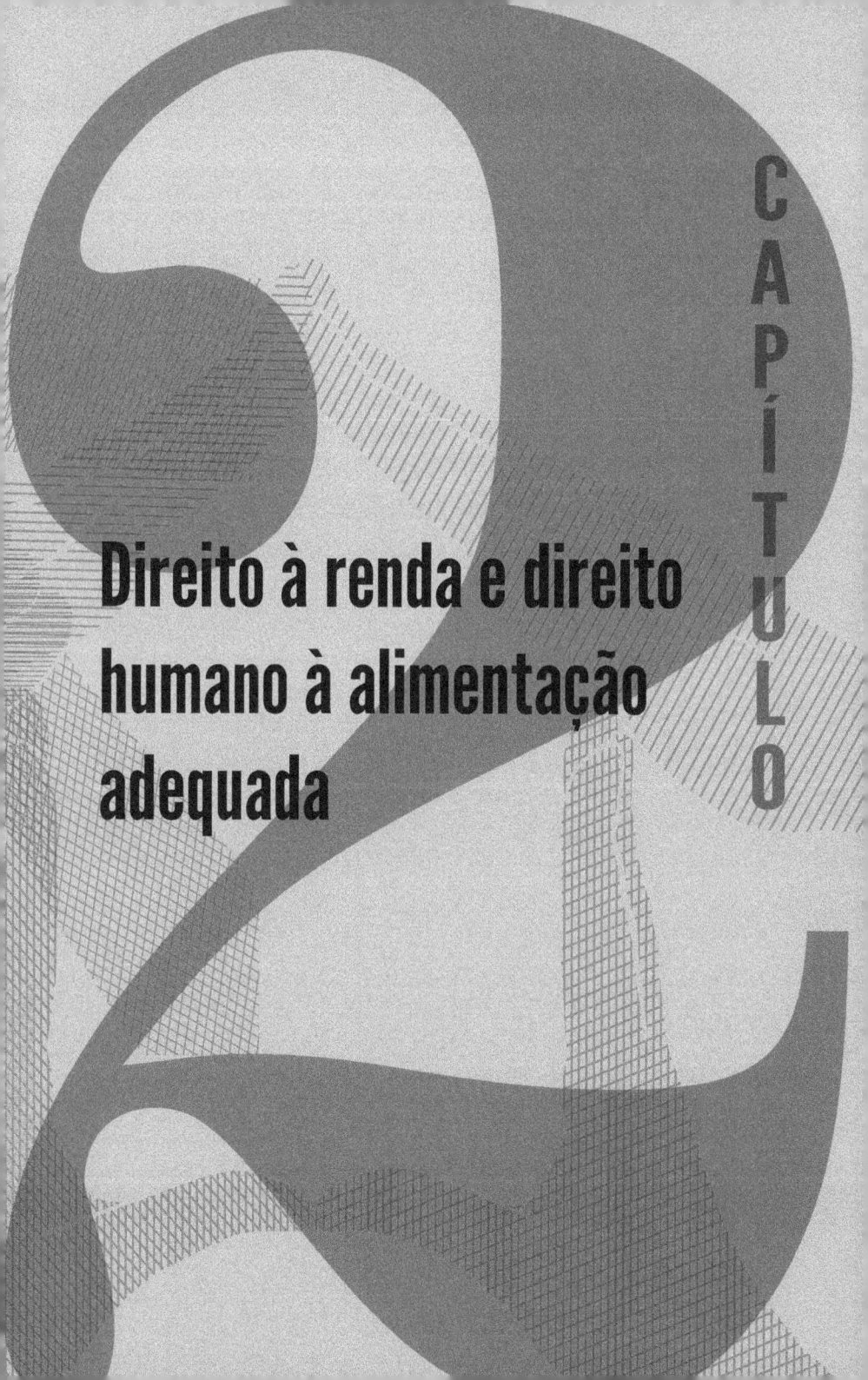

Direito à renda e direito humano à alimentação adequada

Conteúdos do capítulo:

- Motivos que levam um ser humano a não ter acesso ao alimento.
- Segurança alimentar e nutricional.
- Dados sobre insegurança alimentar.

Após o estudo deste capítulo, você será capaz de:

1. compreender o conceito de *direito humano à alimentação adequada*;
2. reconhecer a aplicabilidade do conceito de *segurança alimentar e nutricional* na realidade brasileira;
3. apontar desafios relacionados às situações de insegurança alimentar persistentes no Brasil.

Para iniciarmos a discussão deste capítulo, propomos a análise do trecho de uma reportagem relacionada ao assunto.

> Dona de um comércio na praça Rui Barbosa, uma mulher, que não quis se identificar, coloca a culpa da proliferação dos moradores de rua no assistencialismo em excesso. "Às 7h tem uma igreja que vem trazer café da manhã. Lá pelas 11h30, outras três ou quatro igrejas vêm trazer almoço. O povo de rua já sabe e um já sai gritando pro outro 'chegou'. No fim da tarde e mais à noite já vêm outros grupos distribuírem janta e ceia. Esse povo faz quatro refeições por dia", cita.

Fonte: Ulbrich, 2017.

De fato, é um desafio conseguir delimitar o que é mais chocante: a existência de pessoas que vivem nas ruas, que dependem do favor de outras para ter acesso a suas refeições diárias ou a indignação de uma pessoa com o fato de "esse povo" fazer quatro refeições diárias.

Certamente, cabem aqui as ponderações necessárias para a análise da notícia, como considerar que a entrevistada talvez tenha ficado nervosa com a abordagem e tenha se expressado mal ou mesmo que tenha desejado transmitir uma ideia que foi compreendida de maneira equivocada. Porém, a fome, a pobreza e a dependência de favores e de caridade se tornaram naturalizadas na sociedade contemporânea.

Sob uma lente mais abrangente, contudo, é contraditório o fato de que ainda existam pessoas passando fome em um país no qual ocorrem o desperdício e a perda de 26,3 milhões de toneladas de alimentos por ano (Garcia, 2019).

O Brasil saiu do Mapa da Fome no ano de 2014, após a consolidação de um conjunto de ações vinculadas a políticas de superação da pobreza e de defesa da segurança alimentar e nutricional, como veremos mais adiante. No entanto, o cenário de desmonte e de retirada de investimentos das políticas sociais evidenciado após o ano de 2016 acarreta o risco de o país retornar para aquele nada prestigiado *ranking*. Além disso, não se pode afirmar que o problema em questão não afete de forma individual e localizada os cidadãos brasileiros; afinal, sair do conjunto de países que compõem o Mapa da Fome apenas significa que a quantidade de pessoas famintas ou que estão subalimentadas corresponde a uma incidência inferior a 2,5% do total populacional (Brasil, 2018b).

A alimentação, mais até do que a própria renda, é reconhecida universalmente como condição imprescindível para a manutenção da vida e o desenvolvimento saudável. A pirâmide das necessidades, elaborada por Abraham Maslow (Figura 2.1), já identificava as necessidades fisiológicas como as demandas mais básicas, que antecedem todas as demais (Robbins, 2005).

Figura 2.1 – Pirâmide da teoria das necessidades, de Maslow

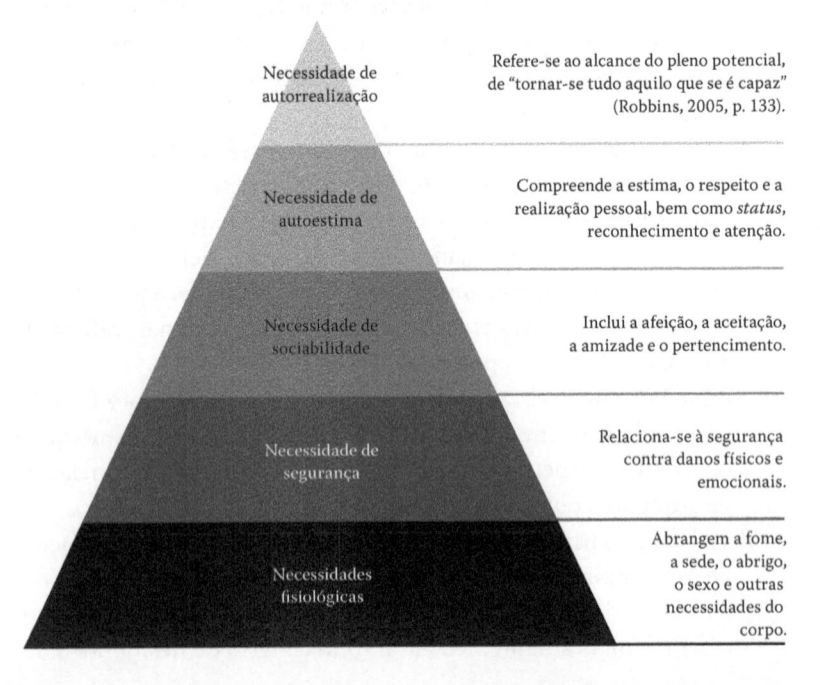

Necessidade de autorrealização	Refere-se ao alcance do pleno potencial, de "tornar-se tudo aquilo que se é capaz" (Robbins, 2005, p. 133).
Necessidade de autoestima	Compreende a estima, o respeito e a realização pessoal, bem como *status*, reconhecimento e atenção.
Necessidade de sociabilidade	Inclui a afeição, a aceitação, a amizade e o pertencimento.
Necessidade de segurança	Relaciona-se à segurança contra danos físicos e emocionais.
Necessidades fisiológicas	Abrangem a fome, a sede, o abrigo, o sexo e outras necessidades do corpo.

Fonte: Elaborado com base em Robbins, 2005.

Segundo a teoria de Maslow, essa escala define também uma hierarquia motivacional, na qual sempre é mais prevalente a motivação para a atenção das necessidades localizadas mais na base da pirâmide (Ferreira; Demutti; Gimenez, 2010; Robbins, 2005). Outras escalas e teorias podem ser adotadas na compreensão do desenvolvimento humano. Aqui, queremos apenas destacar o quanto o debate acerca da alimentação está relacionado a uma condição essencial de sobrevivência.

Cabe ressaltar igualmente que, vencidos os determinantes biológicos relacionados à imprescindibilidade da alimentação para a sobrevivência humana, esta também está relacionada a todos os demais estágios de participação do indivíduo na vida social. "O debate acerca de hábitos alimentares não se restringe, portanto, ao plano biológico ou às necessidades fisiológicas. A alimentação é uma construção cultural, tem caráter simbólico" (Casemiro; Valla; Guimarães, 2010, p. 289).

2.1 Falta de acesso a alimentos

Em uma sociedade de consumo, parte do acesso ao alimento se dá por meio de sua aquisição com dinheiro, ou seja, retornamos aqui à necessidade de se assegurar o direito à renda.

Entretanto, cenários históricos já demonstraram que nem sempre a renda é o determinante fundamental. Existe ainda o fator **escassez**. Há circunstâncias em que, mesmo que se disponha de renda, não há disponibilidade do produto. O cenário de escassez foi bastante presente durante o período das guerras mundiais e dos pós-guerra, impactando também o abastecimento nas cidades brasileiras (Luz, 2015).

Durante a Segunda Guerra Mundial, a escassez de alimentos no Brasil foi vivenciada não apenas como consequência da guerra em si, mas também como produto de uma estratégia política do Governo Vargas, que instaurou uma "economia de guerra".

"Essa escassez alimentar fez-se presente no cotidiano das pessoas, principalmente no que se refere a certos gêneros alimentícios como a farinha de trigo e o açúcar, e produtos industrializados como o gás de cozinha e os combustíveis em geral" (Luz, 2015, p. 39).

Nos anos mais recentes, o Brasil vivenciou experiência semelhante em maio de 2018, durante o período da greve dos caminhoneiros, quando o abastecimento foi interrompido pela paralisação dos meios de transporte indispensáveis para que os itens chegassem a seus consumidores finais. Vejamos a seguir recortes de dois registros de notícias da época.

> As paralisações já causam desabastecimento nos supermercados, em especial nos itens de frutas, legumes e verduras, que são perecíveis e de abastecimento diário. A entidade ressalta que também carnes e produtos industrializados, que levam proteínas no processo de fabricação, também estão com as entregas comprometidas pelos atrasos no reabastecimento. (Repórter Brasil, 2018)

> A Associação Brasileira de Supermercados (Abras) informa que há desabastecimento de produtos perecíveis nos estados de Mato Grosso, Mato Grosso do Sul, Pará, Paraíba, Rio de Janeiro, Minas Gerais, Ceará, Espírito Santo, Pernambuco, Tocantins, Santa Catarina, Paraná e São Paulo. Em relação aos produtos não perecíveis, os estabelecimentos possuem um estoque médio de produtos não perecíveis e, por enquanto, ainda não há problemas. Há supermercados que estão limitando o número de unidades a serem compradas. (Cavallini, 2018)

No caso da escassez, as demandas para o poder público estão relacionadas a investimentos em políticas públicas para as seguintes áreas: agricultura, pecuária, abastecimento e importação/exportação. Contudo, como vimos nos exemplos das reportagens, o não acesso aos alimentos também está associado às políticas econômicas adotadas pelos governos e seus reflexos na sociedade. Assim, a ausência da disponibilidade de certos produtos alimentícios não está apenas vinculada a fatores naturais, sendo igualmente uma expressão de relações econômicas e políticas (Luz, 2015).

Voltando ao aspecto da ausência de renda para adquirir o alimento quanto este está disponível, podemos adentrar nas questões referentes à chamada *agricultura de subsistência*. Nesses casos, o cidadão não dispõe de renda para comprar os alimentos disponíveis no mercado, mas tem condições de produzir o próprio alimento por meio da agricultura. Porém, ainda para isso é necessário o acesso aos insumos, que por vezes é mediado também pelo comércio.

Ainda mais preocupante é a condição da população que vive em terras não próprias para a produção rural. Exemplo desse caso são as pessoas que vivem em regiões do sertão brasileiro, historicamente assoladas pela fome.

Diversos fatores, portanto, impactam a possibilidade de um cidadão ter acesso ao consumo e à produção de alimentos, e as demandas impostas pelos mais diferentes cenários exigem intervenção do poder público. Todavia, a gestão do Estado requer previsibilidade legal, o que reforça a necessidade de se reconhecer o acesso à alimentação por todos como um direito social, mais do que como uma condição natural essencial.

O não acesso ao alimento, ou, em outras palavras, a questão da fome, aponta para um conjunto complexo de contradições inerentes às relações sociais. Josué de Castro, um brilhante médico e escritor brasileiro, que ousou discutir a temática da fome, apresenta os aspectos históricos do problema:

> A história da humanidade tem sido, desde o princípio, a história de sua luta pela obtenção do pão-nosso-de-cada-dia. Parece, pois, difícil explicar e ainda mais difícil compreender o fato singular de que o homem – este animal pretensiosamente superior, que tantas batalhas venceu contra as forças da natureza, que acabou por se proclamar seu mestre e senhor – não tenha até agora obtido uma vitória decisiva nesta luta por sua própria subsistência. (Castro, 1968, p. 45)

Josué de Castro destacou-se no Brasil por distinguir as características territoriais, políticas, econômicas e sociais que envolviam a temática da fome. Na obra *Geografia da fome: o dilema brasileiro – pão ou aço* (Castro, 1984), o autor identificou áreas de fome endêmica, epidêmica e de subnutrição, abordando causas e efeitos da privação do acesso aos alimentos no país.

No Brasil, a alimentação foi incorporada ao conjunto dos direitos sociais previstos pela Constituição Federal de 1988 (Brasil, 1988) somente no ano de 2010, com a aprovação da Emenda Constitucional n. 64, de 4 de fevereiro de 2010 (Brasil, 2010a). Essa inserção representou um avanço no campo da consolidação de políticas públicas para a superação da fome e a promoção do direito humano à alimentação.

O Brasil vem adotando um conceito presente internacionalmente, que é o do **direito humano à alimentação adequada**. Esse direito ultrapassa os limites da superação da fome e compreende também o acesso aos alimentos nutricionalmente apropriados, em quantidade adequada e que respeitem a identidade cultural e territorial daqueles que os consomem.

O fato de uma pessoa não passar fome não assegura que ela tenha uma alimentação adequada, o que impacta diretamente suas condições de saúde e, no caso das crianças e dos adolescentes, seu desenvolvimento fisiológico e cognitivo (Mendes, 2016).

No que se refere ao direito à alimentação, um dos pontos essenciais é o acesso a alimentos com potencial nutricional para a saúde, em quantidade e em qualidade adequadas às necessidades humanas e com respeito às culturas alimentares dos distintos grupos populacionais.

> O Direito Humano a Alimentação Adequada, [sic] é um direito inerente a todas as pessoas de ter acesso regular e permanente e irrestrito, que diretamente ou por meio de aquisições financeiras a alimentos seguros e saudáveis, em quantidade e qualidade adequadas e suficientes, correspondentes às tradições culturais de seu povo e que garanta uma vida livre do medo, digna e plena nas dimensões física e mental, individual e coletiva. (Brasil, 2014b, p. 12)

A defesa do direito humano à alimentação adequada e o combate à fome são consolidados no Brasil por um conjunto diverso de ações, entre as quais se destacam aquelas tidas como de segurança alimentar e nutricional, temática que detalharemos a seguir.

2.2 Segurança alimentar e nutricional

Antes de iniciarmos o debate, cabe a pergunta: Por que *segurança*? Em uma primeira impressão, parece que a palavra *segurança* nada tem a ver com a questão da alimentação, o que gera, de pronto, um estranhamento em relação à expressão *segurança alimentar*.

No entanto, ao investigarmos o conceito de *segurança*, encontramos referência a ações que têm por função a proteção da vida e da integridade dos indivíduos. Trata-se de enfrentar as ameaças e os riscos que podem ser impostos aos cidadãos por outras pessoas ou condições ambientais. De forma abrangente, podemos recorrer ao seguinte significado, conforme o *Dicionário Houaiss* (IAH, 2020): "estado, qualidade ou condição de quem ou do que está livre de perigos, incertezas, assegurado de danos e riscos eventuais [...] situação em que nada há a temer".

Nesse aspecto, deve-se reconhecer que o cuidado com os alimentos está relacionado também ao cuidado com a vida e a saúde da população; portanto, é pauta de interesse coletivo e, por isso, compreendida entre as competências do poder público, mediadas pelas políticas públicas.

O conceito de *segurança alimentar e nutricional* está alinhado às perspectivas do direito humano à alimentação adequada e vincula-se ao objetivo de assegurar condições saudáveis de produção, armazenamento, distribuição, manejo e acesso aos alimentos.

> A segurança alimentar é definida pelo Conselho Nacional de Segurança Alimentar (CONSEA) como um dos eixos de garantia do direito de todos ao acesso a alimentos de qualidade, em quantidade suficiente e de modo permanente, com base em hábitos saudáveis, para a manutenção do organismo humano, considerando ainda que devem ser respeitadas as características culturais de cada povo. (Soares et al., 2006, p. 9)

A temática ganhou evidência no Brasil a partir da década de 1990. A abertura democrática permitiu também o fortalecimento das ações pela superação da miséria e da fome. Iniciativa marcante no período foi o movimento Ação da Cidadania contra a Fome, a Miséria e pela Vida (Brasil, 2014a, p. 37), que desenvolveu ações de caráter pontual, de arrecadação e de distribuição de alimentos e de outros itens de necessidade básica, mas também destacou-se por trazer à tona, de forma coletiva, a pauta da miséria e da fome no Brasil.

Para além de ações solidárias, os aspectos que ganharam força diante dos novos movimentos sociais e da articulação democrática foram o direito humano à alimentação e a necessidade de lutar por seu reconhecimento legal no Brasil, bem como pelo investimento em políticas públicas eficazes para sua concretização. Assim, desdobraram-se as ações que incorreram na aprovação da alimentação como direito social e no fortalecimento da integração de ações públicas e privadas, com vistas à promoção da segurança alimentar e nutricional.

2.3 Dados sobre insegurança alimentar

Avanços na perspectiva da segurança alimentar e nutricional já foram registrados no Brasil ao longo das últimas décadas. Contudo, o país ainda conta com desafios significativos para a superação definitiva da miséria e da fome.

Em 2014, o Instituto Brasileiro de Geografia e Estatística (IBGE) publicou um documento com dados da Pesquisa Nacional por Amostra de Domicílios (Pnad) de 2013, refinando informações acerca das condições de segurança alimentar da população brasileira.

Para a compreensão dos dados apresentados pelo IBGE, é importante conhecer os parâmetros conceituais utilizados para caracterizar as diferentes condições de segurança ou de insegurança alimentar nessa análise, o que pode ser observado no Quadro 2.1.

Quadro 2.1 – Graus de (in)segurança alimentar utilizados pelo IBGE

Situação de segurança alimentar	Descrição
Segurança alimentar	A família/domicílio tem acesso regular e permanente a alimentos de qualidade, em quantidade suficiente, sem comprometer o acesso a outras necessidades essenciais
Insegurança alimentar leve	Preocupação ou incerteza quanto ao acesso aos alimentos no futuro; qualidade inadequada dos alimentos resultante de estratégias que visam não comprometer a quantidade de alimentos
Insegurança alimentar moderada	Redução quantitativa de alimentos entre os adultos e/ou ruptura nos padrões de alimentação resultante de falta de alimentos entre os adultos
Insegurança alimentar grave	Redução quantitativa de alimentos entre as crianças e/ou ruptura nos padrões de alimentação resultante da falta de alimentos entre as crianças; fome (quando alguém fica o dia inteiro sem comer por falta de dinheiro para comprar alimentos)

Fonte: IBGE, 2014, p. 28.

Os dados apontam que, em 2013, 77,4% dos domicílios particulares no Brasil encontravam-se em situação de **segurança alimentar**; 14,8% em situação de **insegurança alimentar leve**; 4,6% em situação de **insegurança alimentar moderada**; e 3,6% em situação de **insegurança alimentar grave**. Embora os percentuais sejam pequenos, o total de domicílios com alguma condição de insegurança alimentar corresponde ao número de 14,7 milhões, o que representa um total de 52 milhões de pessoas nessa condição. Além disso, quando se trata de insegurança alimentar grave, em que a ocorrência da fome é concreta, o percentual anteriormente apontado equivale a 2,1 milhões de domicílios e 7,2 milhões de pessoas.

> **Fique atento!**
>
> Observe bem os números relacionados à insegurança alimentar no Brasil em 2013, quando o país contava com:
>
> - **52 milhões de pessoas** com alguma condição de insegurança alimentar e nutricional;
> - **7,2 milhões de pessoas** em condição de insegurança alimentar grave (falta de alimentos/fome).

Os números apresentam, de pronto, uma dupla informação: (1) a necessidade de continuidade de ações de superação das condições de insegurança alimentar que ainda assolam a população brasileira e (2) o avanço obtido em uma linha histórica, no campo da segurança alimentar e nutricional, principalmente após o reconhecimento da alimentação como direito social no texto da Constituição Federal de 1988.

Na Tabela 2.1, podemos observar a evolução dos indicadores de segurança e de insegurança alimentar, com base em uma comparação dos dados do IBGE referentes aos anos de 2004, 2009 e 2013.

Tabela 2.1 – Dados de (in)segurança alimentar e nutricional no domicílio, nos anos de 2004, 2009 e 2013

Segurança Alimentar e Nutricional no Domicílio	2004	2009	2013
Percentual de domicílios em situação de insegurança alimentar e nutricional leve	18,0	18,7	14,8
Percentual de domicílios em situação de insegurança alimentar e nutricional moderada	9,9	6,5	4,6
Percentual de domicílios em situação de insegurança alimentar e nutricional grave	7,0	5,0	3,2
Percentual de domicílios em situação de segurança alimentar e nutricional	65,1	69,8	77,4

Fonte: Brasil, 2018c, p. 1-2.

Entre os anos de 2004 e 2013, observamos um progressivo avanço na promoção da segurança alimentar, que teve índice crescente de 65,1% dos domicílios em 2004 para 77,4% dos domicílios em 2013. De forma inversamente proporcional, evidenciam-se os dados de diminuição das situações de insegurança alimentar nos municípios. Destaca-se a redução do percentual de domicílios em situação de insegurança alimentar grave, que era de 7,0% em 2004 e passou a ser de 3,2% em 2013. No ano de 2014, o Brasil comemorou sua saída do conjunto de países mencionados no Mapa da Fome, uma vez que menos de 2,5% da população encontrava-se em situação de insegurança alimentar grave no triênio 2014-2015-2016 (Brasil, 2018b, 2018c).

A saída do Brasil do Mapa da Fome significa, segundo as convenções internacionais, que a questão da fome deixou de ser um problema estrutural para o país. No entanto, alertas são necessários, visto que ainda há um grande quantitativo de pessoas que vivenciam situações de fome no território nacional. Além disso, uma atenção deve ser dada aos desdobramentos das medidas de redução de investimentos em políticas sociais, que foram tomadas durante ou depois do período analisado para a construção dos últimos indicadores e que se caracterizam como ameaças à superação da miséria.

Dados de 2018 do Ministério da Saúde apontam para a necessidade de continuidade nos investimentos em segurança alimentar e nutricional voltada às crianças na primeira infância. Considerando-se a faixa etária de 0 a 5 anos, em 2017, o Brasil ainda contava com 208.310 crianças com peso baixo ou muito baixo para a idade; 660.170 crianças com altura baixa ou muito baixa para a idade; e 349.389 crianças com peso elevado para a idade. A desnutrição e a obesidade são características distintas de um mesmo problema: a vivência prolongada de condições de insegurança alimentar. Ambas as situações (desnutrição ou obesidade) incorrem no desenvolvimento de doenças e podem colocar a vida em risco (Miranda; Cintra, 2020).

Portanto, as situações de insegurança alimentar e nutricional estão relacionadas à pobreza e à desigualdade social, sendo mais incidentes entre as famílias de baixa renda.

Síntese

Neste capítulo, analisamos outro direito humano, que acompanha premissas semelhantes às do direito à renda. Trata-se do direito humano à alimentação adequada, que vai além da superação da fome. Não significa apenas ter acesso à comida, mas a garantia de que os alimentos sejam em quantidade e em qualidade suficientes, bem como respeitem as singularidades das culturas alimentares, que se diferenciam entre regiões e famílias.

Embora a alimentação seja comprovadamente uma das necessidades mais básicas para a sobrevivência humana, o acesso ao alimento ainda é negado a uma parcela da população, dada a dinâmica social contemporânea e suas formas de distribuição de riquezas e serviços. Outros elementos conjunturais podem dificultar o exercício do direito humano à alimentação adequada, como no caso de regiões em que as terras são improdutivas e situações de escassez.

Também tratamos da segurança alimentar e nutricional, que está relacionada ao exercício do direito humano à alimentação adequada como uma forma de proteção à vida e à integridade de cada pessoa.

Por fim, apesar de existirem ações de promoção da segurança alimentar e nutricional no Brasil, ainda persistem casos de insegurança alimentar e mesmo de fome, exigindo políticas públicas efetivas e integradas para que o direito humano à alimentação venha a ser concretizado.

Questões para revisão

1. O direito à alimentação ultrapassa o simples ato de fazer refeições e implica a atenção aos elementos que caracterizam o direito humano à nutrição apropriada. Nesse sentido, o que é o direito humano à alimentação adequada?

    a) É o direito de toda pessoa a não passar fome, tendo asseguradas, ao menos, duas refeições por dia.
    b) É o direito humano a alimentar-se quando e onde quiser, sem ser interrompido ou coagido.

c) É o direito humano ao acompanhamento nutricional individualizado, com foco na promoção e na manutenção da saúde.
d) É o direito de toda pessoa a consumir alimentos em quantidade e em qualidade suficientes e adequadas a sua cultura alimentar.
e) É o direito humano e social correspondente à aquisição de uma cesta básica mensal para cada quatro pessoas da família.

2. Para estudar a temática da segurança alimentar e nutricional, é importante compreender o significado desse conceito. Como ponto de partida, é fundamental assimilar o motivo de utilização da palavra *segurança* e a amplitude de seu sentido quando está relacionado à alimentação. Qual é a relação do conceito convencional de *segurança* com o de *segurança alimentar e nutricional*?

   a) A segurança está relacionada à proteção da vida e da integridade de cada pessoa.
   b) A ausência de acesso a alimentos ameaça a segurança pública.
   c) A segurança alimentar e nutricional é uma subpolítica da política de segurança pública.
   d) A palavra *segurança* está relacionada à fiscalização da população para que ninguém deixe de se alimentar, com vistas à manutenção da saúde pública.
   e) As pessoas que têm acesso à alimentação se encontram mais seguras do que as demais.

3. Considerando a classificação da insegurança alimentar utilizada pelo IBGE, relacione cada item a seguir à respectiva descrição.
   I) Segurança alimentar.
   II) Insegurança alimentar leve.
   III) Insegurança alimentar moderada.
   IV) Insegurança alimentar grave.

( ) Redução quantitativa de alimentos entre as crianças e/ou ruptura nos padrões de alimentação resultante da falta de alimentos entre as crianças; fome (quando alguém fica o dia inteiro sem comer por falta de dinheiro para comprar alimentos).
( ) A família/domicílio tem acesso regular e permanente a alimentos de qualidade, em quantidade suficiente, sem comprometer o acesso a outras necessidades essenciais.
( ) Preocupação ou incerteza quanto ao acesso aos alimentos no futuro; qualidade inadequada dos alimentos resultante de estratégias que visam não comprometer a quantidade de alimentos.
( ) Redução quantitativa de alimentos entre os adultos e/ou ruptura nos padrões de alimentação resultante da falta de alimentos entre os adultos.

Agora, assinale a alternativa que apresenta a sequência correta:

a) I, II, III, IV.
b) IV, III, II, I.
c) I, III, IV, II.
d) IV, I, II, III.
e) II, I, III, IV.

4. No ano de 2014, o Brasil saiu do *ranking* do Mapa da Fome. Desenvolva um texto que apresente os êxitos evidenciados por esse fato, bem como os desafios que permanecem mesmo depois dessa conquista.

5. Embora já seja reconhecido o direito humano à alimentação adequada, ainda existem pessoas com precário acesso a ela. Descreva as causas da negligência ou mesmo da negação do direito humano à alimentação adequada.

Questões para reflexão

1. A alimentação é tanto uma necessidade humana básica quanto um direito social reconhecido. Contudo, ainda existem pessoas no Brasil que acessam alimentos somente por meio de iniciativas de caridade/solidariedade. Faça uma análise acerca do direito que é negligenciado nesses casos e proponha formas de superação desse cenário.

2. Os conceitos de *direito humano à alimentação adequada* e de *segurança alimentar e nutricional* compreendem o respeito às diferentes culturas alimentares. Escolha duas regiões brasileiras e pesquise as distinções entre elas quanto às culturas alimentares que apresentam.

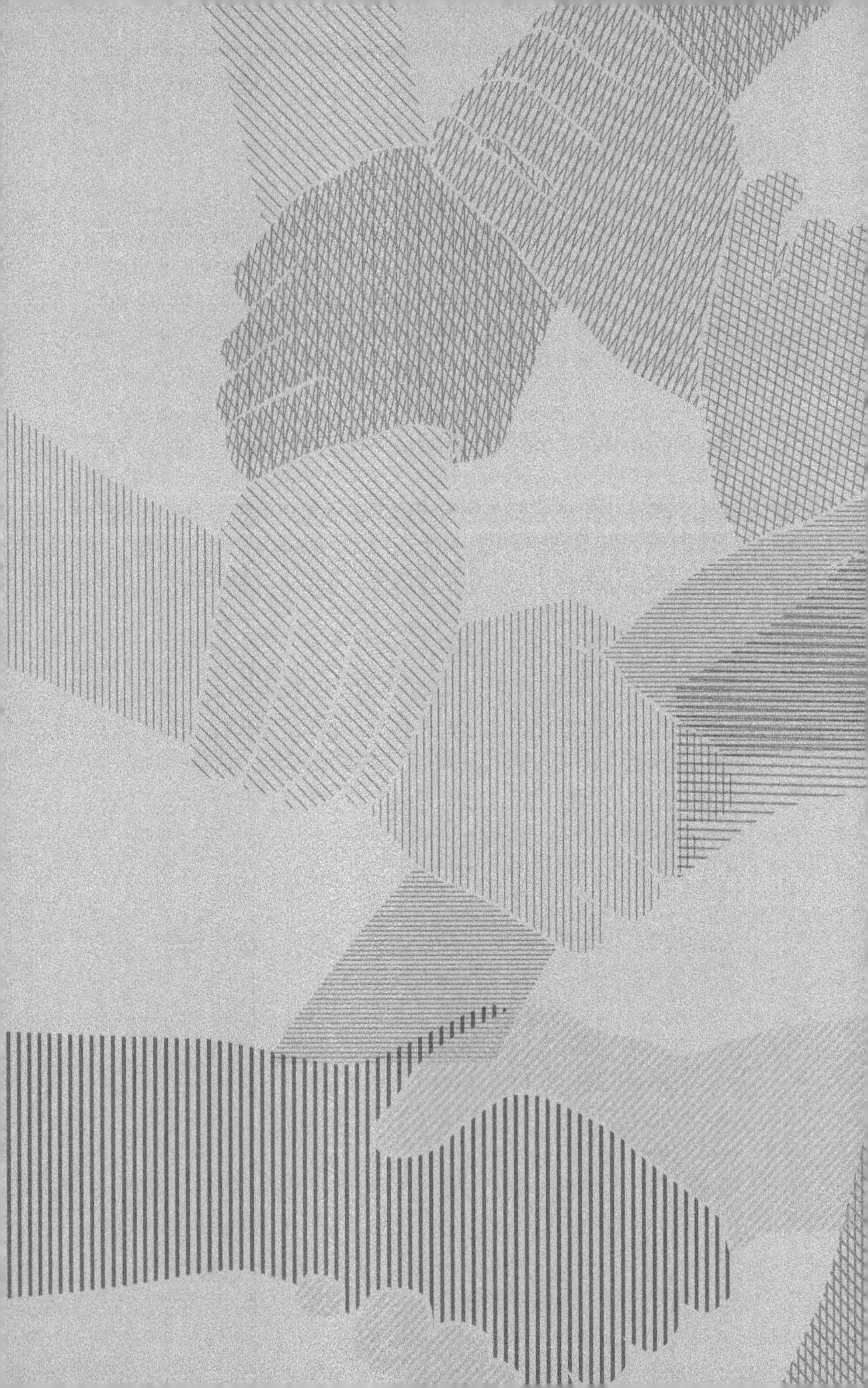

CAPÍTULO 3

Sistema Nacional de Segurança Alimentar e Nutricional

Conteúdos do capítulo:

- Estrutura do Sistema Nacional de Segurança Alimentar e Nutricional (Sisan).
- Ações do Sisan e da rede de equipamentos em segurança alimentar e nutricional no Brasil.
- Programas de segurança alimentar e nutricional efetivados nas décadas de 2000 e de 2010.

Após o estudo deste capítulo, você será capaz de:

1. reconhecer a importância do Sisan;
2. apontar iniciativas brasileiras de promoção da segurança alimentar e nutricional;
3. compreender a dinâmica intersetorial relacionada à efetividade do direito à alimentação no Brasil.

Nos capítulos anteriores, vimos que a renda e a alimentação são direitos humanos, não condicionados, necessariamente, ao exercício do trabalho ou ao vínculo empregatício. Identificamos ainda as bases que sustentam os conceitos do direito humano à alimentação adequada e da segurança alimentar e nutricional. Não basta ao ser humano estar alimentado ou deixar de passar fome; é preciso que os alimentos e as refeições que compõem seu cotidiano e consolidam seus hábitos alimentares apresentem qualidade e riqueza nutricional.

Uma vez entendida e reconhecida a alimentação como direito, bem como a responsabilidade da segurança alimentar na promoção da saúde e da proteção à vida das populações, é possível compreender que ações efetivas do poder público são importantes para isso.

O Brasil vem desenvolvendo ações no campo da segurança alimentar e nutricional articuladas entre diferentes setores, na perspectiva de uma integração capaz de atingir objetivos unificados e orientada pelo Sistema Nacional de Segurança Alimentar e Nutricional (Sisan), cuja estrutura será examinada ao longo deste capítulo.

3.1 Conhecendo o Sistema Nacional de Segurança Alimentar e Nutricional

O Sistema Nacional de Segurança Alimentar e Nutricional (Sisan), criado para organizar as diversas ações de políticas públicas voltadas para a promoção da segurança alimentar e nutricional, foi aprovado por meio da Lei n. 11.346, de 15 de setembro de 2006 (Brasil, 2006a), que ficou conhecida como **Lei Orgânica da Segurança Alimentar e Nutricional (Losan)**.

A Losan é um dos instrumentos legais que reconhece a alimentação como direito e define o Sisan como o sistema que organiza as ações necessárias para que esse direito seja efetivado e concretizado na vida dos brasileiros (Brasil, 2006a).

Vejamos com atenção os conceitos adotados pela Losan acerca do direito humano à alimentação adequada e da segurança alimentar e nutricional:

> Art. 2º A alimentação adequada é direito fundamental do ser humano, inerente à dignidade da pessoa humana e indispensável à realização dos direitos consagrados na Constituição Federal, devendo o poder público adotar as políticas e ações que se façam necessárias para promover e garantir a segurança alimentar e nutricional da população.
>
> [...]
>
> Art. 3º A segurança alimentar e nutricional consiste na realização do direito de todos ao acesso regular e permanente a alimentos de qualidade, em quantidade suficiente, sem comprometer o acesso a outras necessidades essenciais, tendo como base práticas alimentares promotoras de saúde que respeitem a diversidade cultural e que sejam ambiental, cultural, econômica e socialmente sustentáveis. (Brasil, 2006a)

Assim, a legislação brasileira avança no reconhecimento da alimentação como direito e não apenas sob a perspectiva do combate à fome – sem desconsiderá-la, obviamente. Assim, busca-se o estabelecimento de uma lógica de promoção do acesso a alimentos de qualidade, nutricionalmente ricos e adequados às características culturais e regionais que impactam a alimentação dos diferentes grupos populacionais.

A política pública de segurança alimentar e nutricional é intersetorial[1]. Portanto, o Sisan compreende a articulação de ações de diferentes setores e órgãos públicos, entre os quais estão aqueles responsáveis pelo abastecimento, pela agricultura, pela assistência social, pela saúde e pelo saneamento.

---

1 A intersetorialidade é entendida como a forma de gestão das políticas públicas em que há integração de diferentes setores para a obtenção de um objetivo único, por meio da participação em processos de planejamento, execução e avaliação, sendo voltada principalmente para o enfrentamento de situações complexas (Inojosa, 1998).

Apresentamos a seguir alguns exemplos de ações promotoras de segurança alimentar e nutricional realizadas por diferentes setores públicos.

- Secretarias de abastecimento – Políticas agrícolas e de abastecimento e ações de armazenagem e distribuição.
- Secretarias de agricultura – Incentivo, distribuição de insumos e oferta de orientações técnicas para o fomento da agricultura familiar.
- Secretarias de assistência social – Vinculação da população em situação de vulnerabilidade social a programas de transferência de renda.
- Secretarias de educação – Oferta de merenda escolar de qualidade, adequada à necessidade nutricional da faixa etária dos alunos e às características alimentares da região.
- Secretarias de saúde – Acompanhamento nutricional de crianças e gestantes.
- Vigilância sanitária (vinculada às secretarias de saúde) – Fiscalização e controle da qualidade dos alimentos.
- Órgãos responsáveis pelo saneamento básico e pelo abastecimento de água – Promoção do acesso à água própria para o consumo humano.

Destaque-se que as ações elencadas são apenas alguns exemplos entre tantas outras que são articuladas pelo Sisan.

De acordo com o texto da Losan, a segurança alimentar e nutricional é ampla e abrange as seguintes ações:

> Art. 4° [...]
>
> I – ampliação das condições de acesso aos alimentos por meio da produção, em especial da agricultura tradicional e familiar, do processamento, da industrialização, da comercialização, incluindo-se os acordos internacionais, do abastecimento e da distribuição de alimentos, incluindo-se a água, bem como das medidas que mitiguem o risco de escassez de água potável, da geração de emprego e da redistribuição da renda;
>
> II – a conservação da biodiversidade e a utilização sustentável dos recursos;

III – a promoção da saúde, da nutrição e da alimentação da população, incluindo-se grupos populacionais específicos e populações em situação de vulnerabilidade social;

IV – a garantia da qualidade biológica, sanitária, nutricional e tecnológica dos alimentos, bem como seu aproveitamento, estimulando práticas alimentares e estilos de vida saudáveis que respeitem a diversidade étnica e racial e cultural da população;

V – a produção de conhecimento e o acesso à informação; e

VI – a implementação de políticas públicas e estratégias sustentáveis e participativas de produção, comercialização e consumo de alimentos, respeitando-se as múltiplas características culturais do País;

VII – a formação de estoques reguladores e estratégicos de alimentos. (Brasil, 2006a)

Essas ações podem ser de iniciativa pública, operacionalizada por instâncias estatais, como os exemplos apontados anteriormente, ou podem ser de iniciativa da sociedade civil, por meio da cooperação com o poder público na efetivação dos direitos assegurados por lei.

Os focos do Sisan são a coordenação e a organização das ações públicas de segurança alimentar e nutricional desenvolvidas por diferentes setores e distintos entes federados. Por ser um sistema nacional, compreende as estratégias necessárias para a interlocução entre os municípios, os estados e a União, bem como ações para assegurar padrões de qualidade e de acesso em todo o território nacional capazes de contemplar as diversidades regionais.

Segundo dados do governo, o Sisan avançou lentamente no que se refere à adesão dos municípios, pois, embora tenha participação de todos os estados e do Distrito Federal, o sistema contava até 2020 com apenas 443 municípios integrados (Brasil, 2020c). As adesões são crescentes desde sua implantação, mas são necessários maiores esforços para que o Sisan amplie sua cobertura.

A adesão ao Sisan demanda o compromisso do município em desenvolver um plano municipal de segurança alimentar e nutricional com base em diálogos intersetoriais que incluam a participação da sociedade civil. Uma vez integrado oficialmente ao sistema, o município passa a contar com maiores possibilidades de realização de ações intersetoriais com foco na segurança alimentar e nutricional, podendo receber inclusive apoio técnico e suporte para o aperfeiçoamento de sua gestão (Brasil, 2020c).

3.2 Ações e programas do Sistema Nacional de Segurança Alimentar e Nutricional

Agora, vamos analisar algumas iniciativas de segurança alimentar e nutricional que se destacaram no Brasil ao longo das décadas de 2000 e de 2010, principalmente no período compreendido nos dez primeiros anos de implementação da Losan, de 2006 a 2016. Assim, abordaremos as seguintes iniciativas: Programa Cisternas; Programa de Aquisição de Alimentos; bancos de alimentos; restaurantes populares; cozinhas comunitárias; e Programa Nacional de Alimentação Escolar.

3.2.1 Programa Cisternas

Um elemento importante e diretamente relacionado à segurança alimentar e nutricional é o acesso à água potável, própria para o consumo humano. A água é elemento fundamental para assegurar a saúde e, por isso, o consumo de água contaminada pode causar um conjunto amplo de agravos para a saúde, que podem inclusive desencadear a morte.

Parte do território brasileiro, por suas características geográficas, imprime à população que nele habita uma condição de insegurança alimentar associada ao difícil acesso à água. A seca não está relacionada apenas à falta de água para o consumo humano direto, mas também à escassez de água para o consumo dos animais e para as práticas de agricultura, tendo como impacto direto a escassez de alimentos.

Dessa forma, uma das iniciativas do governo federal, vinculada ao Sisan e criada para atender à demanda de água potável, foi o Programa Nacional de Apoio à Captação de Água da Chuva e Outras Tecnologias Sociais de Acesso à Água, ou Programa Cisternas, que compreende tecnologias sociais de acesso à água, seja para o consumo humano, seja para a produção de alimentos.

O Programa Cisternas foi instituído por meio da Lei n. 12.873, de 24 de outubro de 2013, cujo art. 11 define como finalidade do programa

> promover o acesso à água para o consumo humano e animal e para a produção de alimentos, por meio de implementação de tecnologias sociais, destinado às famílias rurais de baixa renda atingidas pela seca ou falta regular de água. (Brasil, 2013)

A iniciativa ainda é regulamentada pelo Decreto n. 9.606, de 10 de dezembro de 2018 (Brasil, 2018a).

Esse programa tem como focos prioritários as famílias de baixa renda e as regiões brasileiras em que o acesso à água é mais escasso. Sua execução se dá por meio da implementação de tecnologias capazes de captar e de armazenar água, de forma a atender às diferentes necessidades associadas a esse recurso. As tecnologias relacionadas à água para consumo humano contemplam a demanda para ser bebida, para o feitio de alimentos e para o atendimento a ações básicas de higiene. As tecnologias são ajustadas às diferentes características regionais, como a construção de cisternas de placas de cimento no semiárido e de tecnologias adaptadas à realidade da Amazônia (Brasil, 2017c).

No que se refere à água para a produção de alimentos e o consumo pelos animais, também há riqueza em possibilidades aplicadas para atingir essa finalidade. São exemplos as barragens subterrâneas, os sistemas de captação de água da chuva e os barreiros-trincheira, entre outros (Silva; Santos; Brito, 2008).

Até junho de 2020, o programa entregou 958.652 cisternas em todo o Brasil, voltadas ao acesso à água para o consumo, sendo 381 na Região Sul, 1.010 na Região Centro-Oeste, 5.963 na Região Norte, 53.781 na Região Sudeste e 897.517 na Região Nordeste (Brasil, 2020f).

Quanto à modalidade de promoção do acesso à água para produção, até junho de 2020, o programa entregou 164.401 tecnologias, sendo 1.058 na Região Sul, 10.160 na Região Sudeste e 153.183 na Região Nordeste (Brasil, 2020f).

Outro desdobramento do Programa Cisternas se refere à construção desses reservatórios em escolas da zona rural que não têm acesso ao abastecimento de água de qualidade. Nesse caso, a água é destinada ao consumo humano e à produção de hortas, o que permite ampliar também as estratégias para o acesso a alimentos de qualidade. Segundo a demanda regional, o Programa Cisternas alcançou, até junho de 2020, 7.382 escolas municipais das Regiões Norte (72), Sudeste (470) e Nordeste (6.840) (Brasil, 2020f).

A maior incidência de investimentos do Programa Cisternas na Região Nordeste é justificada pelas condições regionais de maior dificuldade no acesso à água, segundo características geográficas, climáticas e ambientais próprias daquela área.

3.2.2 Programa de Aquisição de Alimentos

O Programa de Aquisição de Alimentos (PAA) foi criado no ano de 2003, como estratégia para a promoção do direito humano à alimentação adequada e à segurança alimentar e nutricional. O programa compreende um conjunto de ações que visam oportunizar acesso a alimentos de qualidade a pessoas que encontram dificuldade em adquiri-los (Brasil, 2014b). Entre suas finalidades constam a promoção da agricultura familiar, o estímulo ao associativismo e ao cooperativismo e o incentivo a práticas de alimentação saudável.

Nessa iniciativa, o poder público interfere no processo de abastecimento de alimentos, desde sua produção até a aquisição pelo consumidor final. Por um lado, são aplicados recursos de estímulo à agricultura familiar e é assegurada a venda dos alimentos produzidos, causando impacto nas condições de geração de renda das famílias produtoras. Por outro, os alimentos beneficiam as refeições de crianças nas escolas, de pessoas atendidas em instituições sociais e de outros grupos que se encontram em situação de insegurança alimentar. Assim, alimentos frescos e variados chegam a escolas, creches, instituições de acolhimento e projetos sociais. Outro aspecto resultante desse conjunto de ações é a interferência no preço dos produtos, assegurando um valor mais justo ao produtor, que muitas vezes sofre com as oscilações de mercado (Brasil, 2014a, 2014b; Grupo Gestor, 2010).

Sua execução pode ocorrer nas seguintes modalidades: compra com doação simultânea; incentivo à produção e ao consumo do leite; compra direta; apoio à formação de estoques; e compra institucional. Vejamos a descrição de cada uma das modalidades, segundo o manual operativo do programa:

> **Compra com Doação Simultânea:** compra de alimentos diversos e doação simultânea às entidades da rede socioassistencial, aos equipamentos públicos de alimentação e nutrição e, em condições específicas definidas pelo Grupo Gestor do Programa de Aquisição de Alimentos – GGPAA, à rede pública e filantrópica de ensino, com o objetivo de atender demandas locais de suplementação alimentar de pessoas em situação de insegurança alimentar e nutricional;
>
> **Incentivo à Produção e ao Consumo de Leite:** compra de leite que, após processamento, é doado aos beneficiários consumidores com o objetivo de atender às demandas locais de suplementação alimentar de pessoas em situação de insegurança alimentar e nutricional. Esta modalidade é executada somente nos estados do Nordeste e no norte de Minas Gerais;
>
> [...]
>
> **Compra Direta:** compra de produtos definidos pelo GGPAA, com o objetivo de sustentar preços, atender às demandas de programas de acesso à alimentação, às necessidades das redes socioassistenciais e para constituir estoques públicos;

Apoio à Formação de Estoques: apoio financeiro para a constituição de estoques de alimentos por organizações fornecedoras, para posterior comercialização e devolução de recursos ao poder público ou destinação aos estoques públicos;

Compra Institucional: aquisição voltada para o atendimento às demandas de consumo de alimentos por parte da união, estados, distrito federal e municípios, com recursos financeiros próprios. Por esta modalidade poderão ser abastecidos hospitais públicos, quartéis, presídios e restaurantes universitários, dentre outros. (Brasil, 2014b, p. 11-12, grifo do original)

A execução do programa é realizada por órgãos tanto do governo federal quanto dos governos estaduais e municipais e pode compreender parcerias com as organizações da sociedade civil (Grupo Gestor, 2010).

A Tabela 3.1, a seguir, apresenta dados do PAA correspondentes ao ano de 2015 em todo o Brasil.

Tabela 3.1 – Dados do PAA no Brasil em 2015

Programa de Aquisição de Alimentos (PAA)	Nº de Agricultores	Entidades recebedoras	Recursos aplicados	Peso (kg) dos alimentos adquiridos
PAA Municipal	19.660	4.217	90.039.700	32.308.867
PAA Estadual	17.993	4.399	74.503.564	22.950.752
PAA Conab/MDS[2]	35.636	2.400	266.233.000	120.961.117
PAA Conab/MDA[3]	2.778	Não se aplica	20.799.216	14.020.166
PAA Leite	19.833	3.049	103.371.369	99.544.269
Total	95.900	14.065	554.946.849	289.785.171

Fonte: Brasil, 2020f.

----

2 Companhia Nacional de Abastecimento (Conab); Ministério do Desenvolvimento Social (MDS).

3 Ministério do Desenvolvimento Agrário (MDA).

Esses dados são expressões quantitativas do investimento realizado no programa, que se traduz em apoio à agricultura familiar, fomento às economias locais e promoção da segurança alimentar e nutricional. Isso não significa dizer que o programa é isento de fragilidades ou de desafios, pois nenhuma política pública o é, mas que os resultados avaliados após dez anos de sua implantação apontam para uma estratégia capaz de gerar transformações significativas nas relações produtivas e na qualidade de vida da população (Brasil, 2014a).

Para saber mais

BRASIL. Ministério da Cidadania. Secretaria de Avaliação e Gestão da Informação. **VIS DATA 3 beta**. Disponível em: <https://aplicacoes.mds.gov.br/sagi/vis/data/index.php>. Acesso em: 10 nov. 2020.

Na página do VIS Data, são disponibilizados dados referentes aos programas aqui abordados e a outras iniciativas das políticas de segurança alimentar e nutricional. Recomendamos que você faça as consultas dos dados correspondentes às realidades de seu município, seu estado e sua região.

Segundo dados do governo federal, o PAA participa anualmente da alimentação de quase 20 milhões de pessoas e, no que se refere à produção, beneficia diretamente mais de 200 mil agricultores familiares – há estimativa de que seu impacto tenha alcançado indiretamente a muitos outros. O alcance indireto se dá por meio da mediação de preços que ocorre nas transações de compra e venda, no âmbito do programa, e interfere nas economias locais, com uma valorização que beneficia o produtor (Brasil, 2014a).

> Há vários exemplos nesse sentido. Alguns dos mais marcantes são os preços do leite no Nordeste e, em menor medida, no Sul do Brasil. Com as compras de leite do PAA por suas diferentes modalidades, os preços praticados nessas regiões passaram a ser mais estáveis e mais favoráveis aos produtores. Com a castanha-do-brasil foi ainda mais relevante essa contribuição para os extrativistas. Antes do

> PAA, a castanha tinha seus preços definidos por algumas empresas, que atuavam quase sempre aviltando os preços pagos aos extrativistas; depois que o PAA passou a atuar nessa cadeia produtiva, ocorreu uma mudança estrutural na formação dos preços, principalmente devido ao fortalecimento das suas organizações econômicas, decorrente do PAA e do poder de compra do Estado. Por fim, podemos citar o caso da castanha de caju, cadeia na qual aconteceu algo muito semelhante ao da castanha-do-brasil. Os preços passaram também a ser mais favoráveis ao produtor. (Brasil, 2014a, p. 17)

O PAA impactou ainda outras políticas públicas, que contribuem para a promoção da segurança alimentar e nutricional. Isso ocorreu no programa responsável pelas merendas escolares, que passou a adotar o mínimo de 30% de investimento em produtos da agricultura familiar. O programa interferiu igualmente na Política de Garantia de Preços Mínimos (PGPM) e na possibilidade de aquisição de alimentos da agricultura familiar com dispensa de licitação por instituições públicas, em 2012 (Brasil, 2014a).

Acerca dos benefícios do PAA para o produtor, vale evidenciar que este também pode ser beneficiário de um outro programa de apoio, que é o Programa Nacional de Fortalecimento da Agricultura Familiar (Pronaf), criado em 1995, que tem como principais estratégias a capacitação e a qualificação dos pequenos produtores rurais, como podemos ver na seguinte definição:

> com o objetivo de prestar um atendimento diferenciado aos agricultores familiares, cuja produção é resultado da própria força de trabalho, o Pronaf tem o intuito de fortalecer as atividades desenvolvidas pelo agricultor integrando-o à cadeia do agronegócio por meio da modernização do sistema produtivo. Dessa forma, seu produto passa a contar com um valor agregado, o qual, no final, proporcionará um aumento de renda a esse produtor.
>
> Essa profissionalização acontece por meio de um financiamento de atividades e serviços – agropecuários ou não – desenvolvidos em propriedade rural ou em áreas comunitárias próximas. O programa conta com as menores taxas de juros para financiamento rural do mercado. (Pronaf..., 2018)

O Pronaf também disponibiliza linhas de crédito para o produtor rural, as quais são diferenciadas de acordo com o perfil do agricultor, da região em que produz e dos benefícios desejados para seu empreendimento, dispondo de atendimento específico para mulheres, jovens, agricultores de baixa renda e produtores da região do semiárido e de áreas de floresta, entre outros (Silva, 2012).

Por fim, ao analisar o PAA, é possível observar a importância da integração desse programa com outras iniciativas de segurança alimentar, que o fortalecem e por ele são fortalecidas, como os casos do Pronaf e do Programa Nacional de Merenda Escolar. Não se trata de resultados isolados, mas de construções coletivas que envolvem diferentes programas e setores, além da articulação necessária entre o poder público e a sociedade civil organizada (Brasil, 2014a).

3.2.3 Banco de Alimentos

O Banco de Alimentos é uma iniciativa relacionada à gestão do abastecimento e da distribuição de alimentos, de forma a contribuir com a ampliação do acesso a produtos de qualidade pelo consumidor final, com uma atenção especial àqueles com maiores riscos para a insegurança alimentar e nutricional.

Vejamos a definição dessa iniciativa de acordo com o texto do Decreto n. 10.490, de 17 de setembro de 2020 (Brasil, 2020a):

> Art. 1º [...]
>
> § 1º Bancos de alimentos são estruturas físicas ou logísticas que ofertam o serviço de captação ou de recepção e de distribuição gratuita de gêneros alimentícios oriundos de doações dos setores público ou privado a:
>
> I – instituições públicas ou privadas prestadoras de serviços de assistência social, de proteção e de defesa civil;
>
> II – instituições de ensino;
>
> III – unidades de acolhimento institucional de crianças e adolescentes;

IV – penitenciárias, cadeias públicas e unidades de internação;
V – estabelecimentos de saúde; e
VI – outras unidades de alimentação e de nutrição.

O Banco de Alimentos dá apoio logístico ao PAA e ao Programa Nacional de Alimentação Escolar, visa à redução do desperdício de alimentos próprios para o consumo e prevê ações de educação alimentar e nutricional. Busca-se possibilitar que as compras realizadas dos produtores pelo PAA alcancem o público final, sendo uma estrutura necessária principalmente nas regiões em que há elevado volume de produção e grande quantidade de entidades socioassistenciais ou outras de segurança alimentar e nutricional que sejam receptoras dos alimentos adquiridos via PAA (Brasil, 2017c).

Um aspecto de grande relevância a ser considerado nos bancos de alimentos para que cumpram seu objetivo de promoção da segurança alimentar e nutricional é o cuidado com os alimentos para que sejam evitadas quaisquer formas de contaminação. De acordo com a publicação *Boas práticas de manipulação em bancos de alimentos* (Soares et al., 2006), os bancos de alimentos devem adotar uma metodologia própria de prevenção a tais ocorrências, denominada *Análise de Perigos e Pontos Críticos de Controle* (APPCC). Esse método é aplicado em todo o processo de manejo dos alimentos, desde sua produção até a chegada ao consumidor final. Os bancos de alimentos concentram boa parte do processo, pois recebem os alimentos do produtor, fazem o devido armazenamento e todo o seguimento de destinação às instituições beneficiárias. Certamente, existe também a responsabilidade do produtor e daqueles que receberão os itens alimentícios, contudo essa etapa demanda rigorosa atenção (Soares et al., 2006).

O cuidado com os alimentos implica atenção em todas as etapas de fornecimento. Devem ser evitados riscos relacionados ao transporte e ao armazenamento em temperatura inadequada, que podem ocasionar contaminação por microrganismos; além disso, devem ser tomadas todas as precauções de higiene, tanto dos espaços quanto das pessoas que manipulam os alimentos, assim como é importante a atenção necessária para se evitar que roedores ou outros animais tenham acesso aos locais de armazenamento e de transporte.

A falta de cuidados pode vir a ocasionar as doenças transmitidas por alimentos (DTAs), as quais podem ser de recuperação simples, mas também podem gerar complicações, inclusive com risco de morte. Portanto, uma parte fundamental à promoção da segurança alimentar e nutricional compreende a garantia de que o alimento esteja próprio para o consumo humano e não imponha riscos a sua saúde (Soares et al., 2006).

Considerando-se que parte dos produtos coletados, armazenados e distribuídos pelos bancos de alimentos são provenientes de doações, é essencial que sejam seguidos padrões de triagem, de forma a assegurar que não haja riscos aos consumidores finais (Soares et al., 2006).

3.2.4 Restaurantes populares e cozinhas comunitárias

Os restaurantes populares e as cozinhas comunitárias são equipamentos públicos de segurança alimentar e nutricional que oportunizam a produção e a oferta de refeições prontas, direcionadas especialmente às pessoas em situação de vulnerabilidade social e/ou de insegurança alimentar e nutricional. O que diferencia uma iniciativa da outra é a capacidade de atendimento, visto que as cozinhas comunitárias devem ser capazes de prover ao menos 100 refeições por dia, e os restaurantes populares, um mínimo de 1.000 refeições (Brasil, 2016b).

Nesses espaços, as refeições são ofertadas à população com baixíssimo custo, sendo que ambos contam com subsídio do governo para assegurar a redução do valor final para o consumidor. O acesso a esses equipamentos é universal, e é facultado a seus gestores determinar valores diferenciados para públicos que apresentem maior necessidade (Brasil, 2016b).

Há um compromisso, nesses espaços, com a promoção do direito humano à alimentação adequada, tanto na questão da oferta de refeições a baixo custo quanto na garantia de padrões nutricionais das refeições, além da realização de ações de educação alimentar e nutricional dos usuários.

Segundo o MapaSAN 2015, disponibilizado de forma *on-line* pelo governo federal, por meio do portal da Secretaria de Avaliação e Gestão da Informação (Sagi), o Brasil contava, naquele ano, com 204 restaurantes populares e 288 cozinhas comunitárias (Brasil, 2020e). O mesmo mapeamento aponta a incidência desses espaços por estado e o número de beneficiários.

Conforme o levantamento realizado (Brasil, 2020e), o estado de São Paulo é o que apresenta o maior número de restaurantes populares (61), seguido de Minas Gerais (29), Bahia (13), Distrito Federal (12) e Paraná (11). O custo médio das refeições servidas nesses espaços é de R$ 5,37; os estados do Acre e do Amapá têm os custos mais elevados (R$ 9,90 e R$ 9,50, respectivamente), e a Paraíba e o Maranhão são os estados com os menores custos (R$ 4,21 e R$ 4,57, respectivamente).

Contudo, diante do subsídio repassado pelo poder público, o valor final para o usuário não reflete tamanha distinção de custos, sendo que, no período (ano de 2015), o valor médio das refeições nos restaurantes populares dos estados citados era de R$ 2,00 no Acre, R$ 1,00 no Amapá, R$ 3,00 na Paraíba e R$ 1,50 no Maranhão. Assim, o subsídio do programa permite que o usuário desfrute de uma alimentação saudável, balanceada e preparada conforme os parâmetros da segurança alimentar e nutricional com o menor impacto possível em seus rendimentos.

O valor médio repassado aos usuários, que equivale ao que é pago por eles pela refeição, se considerarmos todo o Brasil, era de R$ 1,70 em 2015, sendo que o menor valor correspondia a R$ 1,00, praticado nos estados do Amapá, do Rio Grande do

Norte, da Paraíba, de Goiânia e do Distrito Federal, e os maiores valores eram equivalentes a R$ 3,00 (Amapá), R$ 3,50 (Mato Grosso), R$ 3,85 (Espírito Santo) e R$ 4,95 (Santa Catarina). Consta ainda que 49 restaurantes populares estabelecem valores diferenciados de suas refeições para grupos sociais específicos, como crianças, pessoas idosas e população em situação de rua, entre outros.

Em 2015, os restaurantes populares beneficiaram, diariamente, uma média de 209.527 pessoas. Na Figura 3.2, é possível observar a distribuição desse número pelas regiões brasileiras.

Tabela 3.2 – Quantidade diária de pessoas beneficiadas pelos restaurantes populares por região

		Quantas pessoas são atendidas EM MÉDIA no HORÁRIO DO ALMOÇO no Restaurante Popular?			
		Municípios	Média Região	Soma Região	Percentual
Região	NORTE	10	825	8.250	6,4%
	NORDESTE	36	976	35.134	20,6%
	SUDESTE	91	1.204	109.603	50,5%
	SUL	17	908	15.440	11,3%
	CENTRO-OESTE	17	2.418	41.100	11,3%
Total		171	1.225	209.527	100,0%

Fonte: Elaborado com base em IBM SPSS Export Facility, 2011.

Com relação às cozinhas comunitárias, de acordo com dados do MapaSAN 2015 (IBM SPSS Export Facility, 2011), o Ceará era o estado com o maior número de equipamentos (57), seguido de Rio Grande do Sul (48), Paraná (36) e Minas Gerais (27). Ao todo, as cozinhas comunitárias beneficiaram diariamente uma média de 21.590 pessoas, sendo 7.976 na Região Sul, 6.623 na Região Nordeste, 4.650 na Região Sudeste, 2.041 na Região Norte e 300 na Região Centro-Oeste.

3.2.5 Programa Nacional de Alimentação Escolar

O Programa Nacional de Alimentação Escolar (Pnae) é executado pelo Ministério da Educação e pelas secretarias estaduais e municipais de educação, com recursos do Fundo Nacional de Desenvolvimento da Educação (FNDE). Trata-se de uma iniciativa fundamentada no direito à alimentação e na perspectiva da universalização dos direitos sociais. Uma das características mais marcantes do programa é seu alcance universal, em todas as escolas públicas do país, com vistas a assegurar o acesso à alimentação dos alunos durante o período em que se encontram na escola. Contudo, mais do que isso, essa iniciativa visa promover hábitos saudáveis e contribuir para a efetivação do direito humano à alimentação adequada (Brasil, 2018d).

O programa está assentado na legislação brasileira que assegura a alimentação como um direito de todas as crianças e adolescentes que estão na escola e um dever do poder público, em suas esferas federal, estadual e municipal.

A legislação brasileira segue a diretriz internacional, que estabelece:

> O direito à alimentação adequada significa que todo homem, mulher e criança, sozinho ou em comunidade, deve ter acesso físico e econômico, a todo tempo, à alimentação adequada ou através do uso de uma base de recurso apropriada para sua obtenção de maneira que condiz com a dignidade humana. (Código de Conduta Internacional sobre o Direito à Alimentação Adequada, citado por Brasil, 2018d, p. 19)

O Pnae, além de ter a orientação de garantir a alimentação adequada aos alunos no período escolar, pretende ser um "modelo de **programa social**, cujos princípios são: reconhecer, concretizar e fortalecer o **direito humano e universal à alimentação**" (Brasil, 2018d, p. 19, grifo do original).

Conforme mencionamos anteriormente, o Pnae está relacionado ao PAA e ao Pronaf, possibilitando aos agricultores a venda de seus produtos por um preço justo e aos alunos o consumo de alimentos de qualidade, frescos e próprios de sua região (Brasil, 2018d).

Portanto, o Pnae se propõe como estratégia para fortalecer o desenvolvimento global das crianças e dos adolescentes e para impactar o desempenho escolar desses indivíduos. É, assim, um programa articulado com os objetivos maiores da política pública de educação e com a defesa e a garantia dos direitos das crianças e dos adolescentes.

3.2.6 Outras iniciativas

É importante destacar que as iniciativas elencadas anteriormente não são as únicas estratégias de atuação das políticas públicas no campo da segurança alimentar e nutricional, mas apenas aquelas mais diretamente relacionadas a essa área. De forma ampliada, todas as ações públicas que cooperem para ações envolvendo os alimentos desde sua produção, controle de qualidade, abastecimento e distribuição adequados e promoção de facilidades para o acesso à educação nutricional estão ligadas às premissas do direito humano à alimentação adequada. Assim, podemos citar iniciativas como as feiras convencionais ou de produtos orgânicos, os programas de incentivo ao consumo de hortaliças e de frutas, os mercados populares e o suporte técnico para que pequenos produtores variem, ampliem e/ou qualifiquem suas formas de produção.

Para saber mais

BRASIL. Ministério da Agricultura, Pecuária e Abastecimento. Conab – Companhia Nacional de Abastecimento. Disponível em: <https://www.conab.gov.br/>. Acesso em: 5 out. 2020.

BRASIL. Ministério da Agricultura, Pecuária e Abastecimento. Embrapa – Empresa Brasileira de Pesquisa Agropecuária. Disponível em: <https://www.embrapa.br/>. Acesso em: 5 out. 2020.

Nesses portais, você pode acessar informações atualizadas acerca da política de segurança alimentar e nutricional no Brasil, como os dados dos programas, dos serviços, das publicações e da legislação pertinente.

Síntese

Neste capítulo, tratamos do Sistema Nacional de Segurança Alimentar e Nutricional (Sisan) e de algumas de suas ações, entre as quais destacamos o Programa Nacional de Apoio à Captação de Água da Chuva e Outras Tecnologias Sociais de Acesso à Água (Programa Cisternas), o Programa de Aquisição de Alimentos (PAA), os bancos de alimentos, os restaurantes populares e as cozinhas comunitárias e o Programa Nacional de Alimentação Escolar (Pnae).

Vimos que essas e outras iniciativas evidenciam o aspecto intersetorial inerente à operacionalização da política pública de segurança alimentar e nutricional para concretizar o direito à alimentação da população brasileira.

Sistema Nacional de Segurança Alimentar e Nutricional

Questões para revisão

1. O Sistema Nacional de Segurança Alimentar e Nutricional (Sisan) compreende a articulação de diferentes ações que objetivam a promoção da segurança alimentar e nutricional. Com base nessa informação, analise as ações a seguir e identifique aquelas compreendidas pelo Sisan.
   I) Programa Cisternas.
   II) Ações de promoção da cultura e do cinema.
   III) Serviços de vacinação.
   IV) Programa Nacional de Alimentação Escolar.

   Assinale a alternativa correta:

   a) As ações I e IV compõem o Sisan.
   b) As ações II e III compõem o Sisan.
   c) As ações I, II e IV compõem o Sisan.
   d) As ações I, III e IV compõem o Sisan.
   e) As ações II, III e IV compõem o Sisan.

2. O Programa Cisternas está relacionado à promoção do acesso à água tanto para o consumo humano quanto para a produção de alimentos e a criação de animais. Há uma dimensão do programa que se aplica especificamente a um tipo de unidade pública de atendimento. Identifique a alternativa que apresenta corretamente as unidades contempladas por esse programa:

   a) Unidades de saúde.
   b) Escolas.
   c) Centros de Referência de Assistência Social (Cras).
   d) Hospitais.
   e) Casas Lares.

3. A segurança alimentar nutricional no Brasil é prevista e consolidada como direito por meio da Lei n. 11.346/2006 – Lei Orgânica da Segurança Alimentar e Nutricional (Losan). De acordo com essa lei, a segurança alimentar e nutricional é abrangente

e compreende uma diversidade de ações. Assinale a alternativa que apresenta corretamente ação (ou ações) de segurança alimentar e nutricional contemplada(s) pela Losan:

a) Redução das condições de acesso aos alimentos por meio da produção, em especial da agricultura tradicional e familiar, do processamento, da industrialização e da comercialização, incluindo os acordos internacionais.
b) Conservação da biodiversidade e utilização sustentável dos recursos, com foco na preservação da vida animal.
c) Prevenção da saúde, da nutrição e da alimentação da população, incluindo grupos populacionais específicos e populações em situação de vulnerabilidade social.
d) Enfrentamento da qualidade biológica, sanitária, nutricional e tecnológica dos alimentos, bem como seu aproveitamento, estimulando-se práticas alimentares e estilos de vida saudáveis que respeitem as diversidades étnicas, raciais e culturais da população.
e) Redução de políticas públicas e estratégias sustentáveis e participativas de produção, comercialização e consumo de alimentos, respeitando-se as múltiplas características culturais do país.

4. Os restaurantes populares e as cozinhas comunitárias são ações do Sisan que visam promover o acesso a uma alimentação de qualidade, principalmente aos públicos com maiores índices de vulnerabilidade social e insegurança nutricional. Explique a diferença entre os serviços ofertados pelos restaurantes populares e pelas cozinhas comunitárias e os serviços do Programa de Aquisição de Alimentos (PAA) e do Banco de Alimentos.

5. O PAA visa oportunizar alimentos de qualidade a pessoas que encontram dificuldade em adquiri-los. Cite as modalidades em que esse programa é operacionalizado.

Questões para reflexão

1. A operacionalização do Sisan ocorre de maneira intersetorial. Para que a segurança alimentar e nutricional seja promovida, diferentes iniciativas do poder público e da sociedade civil devem ser integradas e articuladas. Analise a segurança alimentar e nutricional em seu município e em seu estado e identifique setores que têm desenvolvido um trabalho significativo e outros que demandam maiores investimentos. Procure também conhecer se existem mecanismos de interlocução entre eles.

2. O Programa Nacional de Alimentação Escolar (Pnae) tem impacto significativo na promoção da segurança alimentar e nutricional de crianças e adolescentes. Procure ampliar seu conhecimento acerca da aplicação dos princípios da segurança alimentar e nutricional (quantidade e qualidade suficientes e adequadas e respeito às diferentes culturas alimentares) na merenda escolar de creches, escolas e colégios de seu município.

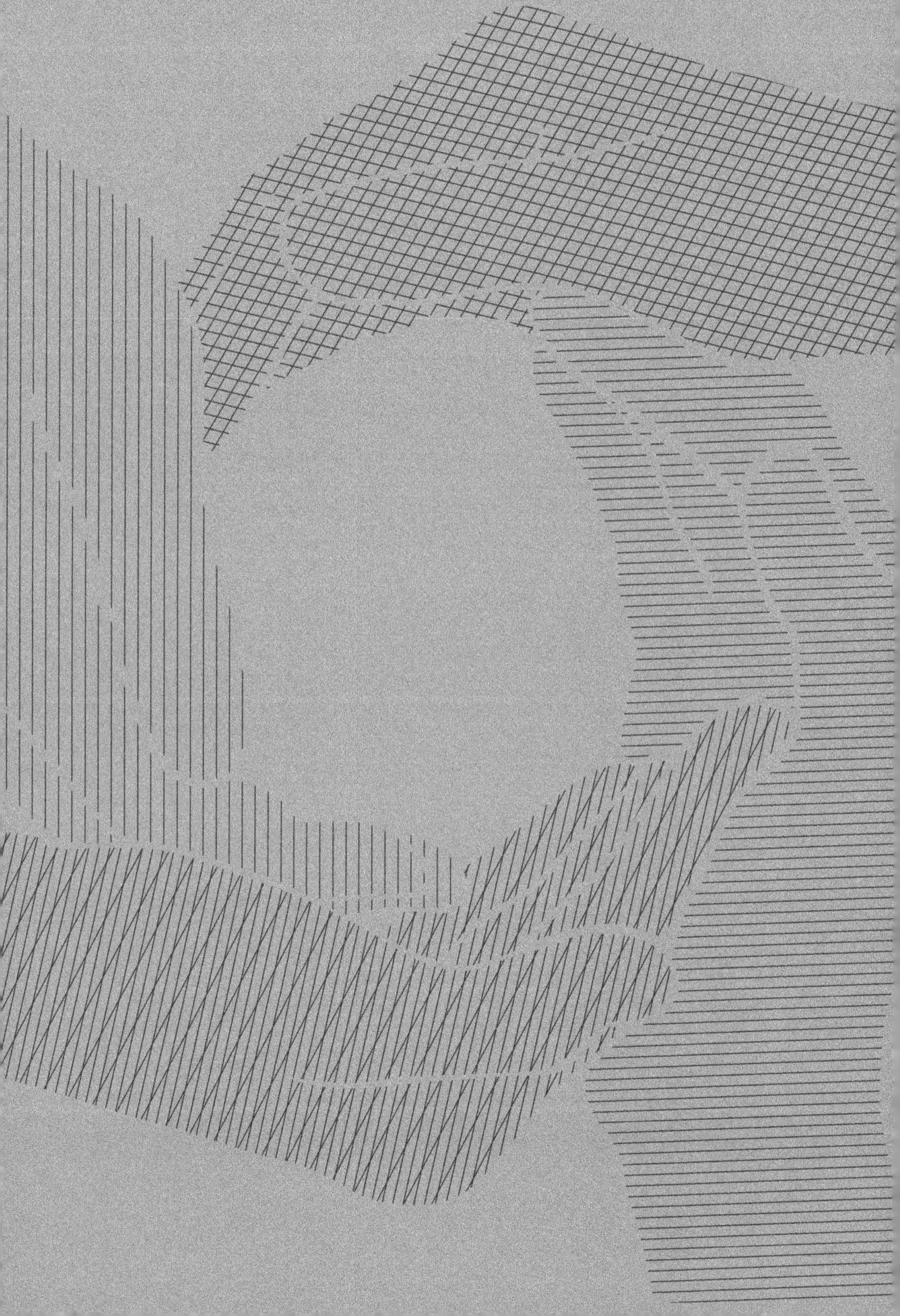

CAPÍTULO 4

Política pública de assistência social e sua contribuição na promoção da segurança alimentar e nutricional

Conteúdos do capítulo:

- Assistência social: política de defesa do direito humano à alimentação adequada.
- Serviços socioassistenciais e promoção da segurança alimentar e nutricional.
- Benefícios de transferência de renda e benefícios eventuais da assistência social.

Após o estudo deste capítulo, você será capaz de:

1. apontar especificidades da política de assistência social na promoção da segurança alimentar e nutricional;
2. compreender as relações entre as políticas públicas de assistência social e de segurança alimentar e nutricional;
3. identificar desafios na relação da promoção da segurança alimentar e nutricional em conjunto com a promoção da autonomia e da emancipação.

Neste capítulo, discutiremos a relação entre as políticas públicas de assistência social e de segurança alimentar e nutricional. Até agora, vimos que renda e alimentação são **direitos humanos**, ou seja, cabem a todos os homens e mulheres, de todo o mundo. São também **direitos sociais**, uma vez que não são operados apenas sob uma perspectiva individual, impactando todas as relações cotidianas.

Contudo, embora sejam direitos reconhecidos por lei, nem todas as pessoas têm igual acesso a eles e ainda ocorrem casos de fome, insegurança alimentar e baixíssima renda familiar, no Brasil e no mundo. Como mostramos nos primeiros capítulos do livro, existem fatores que dificultam o acesso à renda e à alimentação, tais como o desemprego, a incapacidade para o trabalho e a falta de oferta de certos tipos de alimentos em determinadas regiões. Os dados que apresentamos evidenciam também a desigualdade social, a insegurança alimentar e a má à distribuição de renda (IBGE, 2018; Oxfam Brasil, 2017).

4.1 Política pública de assistência social

Considerando-se o direito à renda e à alimentação, cabe ao Poder Público atuar por meio de políticas públicas para assegurar que ele seja exercido por todos os cidadãos. Dessa forma, são desenvolvidas iniciativas de estímulo ao trabalho, ao emprego, à capacitação profissional, à cobertura previdenciária, à produção e à distribuição de alimentos.

No entanto, não se trata de um movimento natural nem de um processo linear em que o Estado cumpre exatamente o que está previsto em lei e esta corresponde justamente a todas as demandas, necessidades e interesses da população. Vale destacar que as políticas públicas, assim como a própria legislação, são construídas e desenvolvidas com base em um contínuo embate entre diferentes grupos de interesse. Há grande tensão entre interesses dos trabalhadores, do capital e dos grupos que desejam alcançar ou manter o poder. Assim, a consolidação de cada política pública é uma conquista, produto de uma construção histórica e de luta social (Boneti, 2011; Boschetti et al., 2009).

Nessa conjuntura, é preciso destacar a política pública de assistência social, que compreende ações voltadas diretamente a públicos cuja dificuldade de acesso à renda e à alimentação é agravada, dadas suas vivências de vulnerabilidade social e/ou de violação de direitos. O público em situação de insegurança alimentar, que é alvo da política de segurança alimentar e nutricional, é, em grande parte, o mesmo alvo das ações de transferência de renda da política de assistência social, bem como de outros serviços relacionados a ela. Segundo dados do Instituto Brasileiro de Geografia e Estatística (IBGE, 2014, p. 43), "78,9% dos domicílios em IA [insegurança alimentar] moderada ou grave pertenciam a classe de até 1 salário mínimo e 2,2% a de mais de 2 salários mínimos [sic]".

Embora o nome dessa política possa ser confundido com práticas assistencialistas, sua finalidade é justamente o oposto disso. Como política pública, a assistência social é entendida como **um dever do Estado e direito do cidadão** (Brasil, 1993b). Porém, nem sempre foi assim. Historicamente, no Brasil, como em outras partes do mundo, a assistência social era prestada como uma forma de caridade, de ajuda humanitária, e entendida como uma ação para os pobres, que não problematizava a existência da pobreza (Boscari; Silva, 2015; Brasil, 2010b; CFESS, 2011). Nesse sentido, o que prevalecia era uma perspectiva de favor, em que a sociedade civil tinha o protagonismo e o Estado intervinha de forma focalizada e sob parâmetros bastante populistas e clientelistas (A história..., 2010; Brasil, 2010b; Sposati, 2009).

Uma entre tantas outras conquistas da Constituição Federal de 1988 (Brasil, 1988) foi o reconhecimento da assistência social como uma política pública, assim como a saúde e a previdência social, a qual deve ser operada com responsabilidade técnica e para a qual devem ser destinados recursos públicos.

> A inclusão da assistência social na seguridade social foi uma decisão plenamente inovadora. Primeiro, por tratar esse campo como de conteúdo da política pública, de responsabilidade estatal, e não como uma nova ação, com atividades e atendimentos eventuais. Segundo, por desnaturalizar o princípio da subsidiariedade, pelo qual a ação da família e da sociedade antecedia a do Estado. (Sposati, 2009, p. 14)

Supera-se, então, no entendimento oficial acerca da assistência social, a lógica do favor e assume-se a lógica do direito. No entanto, não se trata de transição imediata, mas de desafio presente em toda a implementação e consolidação da nova política. É uma mudança de valores e de modelos, que é acompanhada de toda a construção histórica que privilegiava a assistência como espaço de caridade, de favor e mesmo de uso politiqueiro (CFESS, 2011; Sposati, 2009; Sposati et al., 2014).

> A história do Estado social brasileiro revela o funcionamento da assistência social como área de transição de atenções, sem efetivá-las como plena responsabilidade estatal e campo de consolidação dos direitos sociais. Em face dessa história institucional que a registra como um campo que opera sob a negação de direitos, são múltiplos os desafios que se apresentam. (Sposati, 2009, p. 14)

Em 7 de dezembro de 1993, foi aprovada a **Lei Orgânica da Assistência Social (Loas)** – Lei n. 8.742, de 7 de dezembro de 1993 (Brasil, 1993b). Segundo a Loas, a definição dessa política pública é a seguinte:

> Art. 1º A assistência social, direito do cidadão e dever do Estado, é Política de Seguridade Social não contributiva, que provê os mínimos sociais, realizada através de um conjunto integrado de ações de iniciativa pública e da sociedade, para garantir o atendimento às necessidades básicas.
>
> Art. 2º A assistência social tem por objetivos:
>
> I – a proteção social, que visa à garantia da vida, à redução de danos e à prevenção da incidência de riscos, especialmente:
>
> a) a proteção à família, à maternidade, à infância, à adolescência e à velhice;
>
> b) o amparo às crianças e aos adolescentes carentes;

c) a promoção da integração ao mercado de trabalho;

d) a habilitação e reabilitação das pessoas com deficiência e a promoção de sua integração à vida comunitária; e

e) a garantia de 1 (um) salário-mínimo de benefício mensal à pessoa com deficiência e ao idoso que comprovem não possuir meios de prover a própria manutenção ou de tê-la provida por sua família;

II – a vigilância socioassistencial, que visa a analisar territorialmente a capacidade protetiva das famílias e nela a ocorrência de vulnerabilidades, de ameaças, de vitimizações e danos;

III – a defesa de direitos, que visa a garantir o pleno acesso aos direitos no conjunto das provisões socioassistenciais.

Parágrafo único. Para o enfrentamento da pobreza, a assistência social realiza-se de forma integrada às políticas setoriais, garantindo mínimos sociais e provimento de condições para atender contingências sociais e promovendo a universalização dos direitos sociais. (Brasil, 1993b)

Portanto, a assistência social atende a quem dela necessitar, e essa necessidade está relacionada aos seguintes aspectos: fragilidades decorrentes de fatores como pobreza, miséria e/ou falta de acesso aos serviços essenciais; vulnerabilidades resultantes do ciclo de vida (crianças, adolescentes, idosos) ou da condição de pessoa com deficiência; instabilidades territoriais e/ou familiares; exposição à violência, de qualquer tipo; violação de direitos e/ou discriminação e preconceito; fragilização ou rompimento de vínculos familiares (Colin; Jaccoud, 2013; Sposati, 2009).

A assistência social é uma das principais políticas públicas no combate à pobreza, sem prescindir, evidentemente, das políticas do trabalho, da previdência, da educação e de outras. Ela tem a responsabilidade de promover e gerir ações de transferência de renda e articular ações intersetoriais capazes de gerar mudanças estruturais que possibilitem a superação da condição de pobreza/miséria (Brasil, 2005b; Colin et al., 2013; Sposati, 2009).

Considerando-se que há grande relação entre a baixa renda familiar e a vivência de situações de insegurança alimentar, também a assistência social se articula ao Sistema Nacional de Segurança Alimentar e Nutricional (Sisan), de forma a contribuir para a promoção do direito humano à alimentação adequada.

4.2 Assistência social: uma política de defesa do direito humano à alimentação adequada

Discutir a contribuição das ações da política de assistência social para a promoção do direito humano à alimentação adequada pode ser bastante controverso. Esse conflito se impõe na medida em que ações voltadas à garantia da alimentação para as pessoas atendidas pela política de assistência social nem sempre contam com o rigor da segurança alimentar e nutricional e com um efetivo compromisso com a promoção da cidadania (Brasil, 2018g).

Ainda é recorrente, no Brasil, a prática da doação[1] de cestas básicas no âmbito da assistência social, que é um exemplo que pode pôr em risco elementos essenciais à efetividade do direito humano à alimentação adequada (acerca disso, desenvolveremos uma análise e estudo de caso ainda neste capítulo). Outro risco é a reprodução de ações que se propõem como sendo de assistência social, mas que se concretizam na reprodução da lógica do favor, da caridade e da benesse. Ações voluntaristas e clientelistas não correspondem mais ao ideário da assistência social como política pública comprometida com a efetivação dos direitos previstos na Loas, mas ainda são replicadas no cotidiano dessa política, tanto na esfera pública quanto na iniciativa privada (organizações da sociedade civil).

----

1 Chamamos a atenção para o termo *doação*, pois, quando o acesso à cesta de alimentos ou à cesta básica se dá por meio das políticas públicas, não se trata de uma "doação", mas de um benefício social, um direito daqueles que dele necessitam, financiado por dinheiro público. Porém, a política de assistência social ainda é permeada de ações de caridade e filantropia, entre as quais está presente a doação (de fato) de cestas básicas por voluntários, empresários ou outros doadores.

> **Fique atento!**
> Cabe alertar para o fato de que a reprodução de qualquer ação na lógica do favor vai na contramão da lógica do direito à assistência social, do direito à renda e do direito à alimentação.

Para se fazer uma devida análise da relação entre as políticas de assistência social e de segurança alimentar e nutricional, bem como de sua contribuição para a garantia do direito humano à alimentação adequada, é indispensável que se compreenda a assistência social como um direito do cidadão e um dever do Estado, como uma política pública com responsabilidade técnica, ética, financeira e orçamentária e como um elemento importante no conjunto das iniciativas públicas intersetoriais de redistribuição de renda e de promoção da justiça social.

Desde 2005, a assistência social tem suas ações organizadas por meio do **Sistema Único de Assistência Social (Suas)**. Dessa forma, aplica-se uma política nacional de assistência social, que compreende padrões de qualidade e de operacionalização válidos para todo o país. No Suas, integram-se os governos federal, estaduais e municipais, com atribuições específicas em cada esfera, sendo corresponsáveis pela efetividade da política pública para os cidadãos.

As ações da assistência social são caracterizadas como serviços, benefícios, programas e projetos. De maneira abrangente, poderíamos distinguir essas categorias da seguinte maneira: os serviços são continuados; os benefícios são prestações materiais voltadas a situações específicas; e os programas e os projetos compreendem conjuntos de ações voltadas a atingir objetivos determinados, dentro de um limite de tempo e de espaço. Ainda, deve-se considerar que os programas são abrangentes e podem compreender uma diversidade de ações, serviços e benefícios.

A seguir, abordaremos a relação dos serviços e dos benefícios socioassistenciais com a segurança alimentar e nutricional.

4.3 Serviços e benefícios da assistência social e o direito humano à alimentação adequada

No Quadro 4.1, a seguir, consta a relação de serviços ofertados pela Política Nacional de Assistência Social (Pnas), de acordo com a Tipificação Nacional de Serviços Socioassistenciais, aprovada por meio da Resolução nº 109, de 11 de novembro de 2009 (Brasil, 2009b), do Conselho Nacional de Assistência Social (CNAS). Entre os benefícios compreendidos por essa política constam os benefícios de transferência de renda e os benefícios eventuais.

Quadro 4.1 – Serviços socioassistenciais

I – Serviços de Proteção Social Básica	a. Serviço de Proteção e Atendimento Integral à Família (Paif) b. Serviço de Convivência e Fortalecimento de Vínculos c. Serviço de Proteção Social Básica no Domicílio para Pessoas com Deficiência e Idosas
II – Serviços de Proteção Social Especial de Média Complexidade	a. Serviço de Proteção e Atendimento Especializado a Famílias e Indivíduos (Paefi) b. Serviço Especializado em Abordagem Social c. Serviço de Proteção Social a Adolescentes em Cumprimento de Medida Socioeducativa de Liberdade Assistida (LA), e de Prestação de Serviços à Comunidade (PSC) d. Serviço de Proteção Social Especial para Pessoas com Deficiência, Idosas e suas Famílias e. Serviço Especializado para Pessoas em Situação de Rua

(continua)

(Quadro 4.1 – conclusão)

III – Serviços de Proteção Social Especial de Alta Complexidade	a. Serviço de Acolhimento Institucional, nas seguintes modalidades: • Abrigo Institucional • Casa-Lar • Casa de Passagem • Residência Inclusiva b. Serviço de Acolhimento em República c. Serviço de Acolhimento em Família Acolhedora d. Serviço de Proteção em Situações de Calamidades Públicas e de Emergências

Fonte: Elaborado com base em Brasil, 2009b, grifo do original.

Podemos observar que os serviços são subdivididos em:

- Proteção social básica – Tem a finalidade de promoção das potencialidades e dos vínculos e prevenção dos riscos sociais.
- Proteção social especial de média complexidade – Atua para o enfrentamento e a superação das violações de direito, de públicos com vínculos familiares ou comunitários preservados.
- Proteção social especial de alta complexidade – Também é voltada ao enfrentamento e à superação das violações de direitos, mas nos casos de rompimento ou de inexistência de vínculos familiares ou comunitários (Brasil, 1993b, 2009b).

Convém destacar aqui os serviços e os benefícios socioassistenciais que têm maior relação com a promoção da segurança alimentar e nutricional e do direito humano à alimentação adequada: serviços de convivência e fortalecimento de vínculos; serviços voltados à população em situação de rua; serviços de acolhimento institucional; benefícios de transferência de renda; e benefícios eventuais.

4.3.1 Serviços de convivência e fortalecimento de vínculos

Os serviços de convivência e de fortalecimento de vínculos estão tipificados na proteção social básica e são operacionalizados por meio de grupos que se reúnem periodicamente e mediados por profissionais que definem um percurso socioeducativo para seu desenvolvimento. Segundo a Tipificação Nacional de Serviços Socioassistenciais, os grupos são formados por faixa etária e podem ser voltados a crianças de até 6 anos, a crianças e adolescentes de 6 a 15 anos, a adolescentes de 15 a 17 anos, a jovens de 18 a 29 anos, a adultos de 30 a 59 anos e a idosos (Brasil, 2009b).

Sendo um serviço de proteção social básica, ele é voltado a pessoas em situação de vulnerabilidade social e visa prevenir situações de risco, bem como desenvolver potencialidades e vínculos familiares e comunitários.

Nos grupos relacionados a esse serviço, são tratadas temáticas que envolvem a participação cidadã e a defesa de direitos; portanto, a segurança alimentar e nutricional e o direito humano à alimentação adequada podem ser temas transversais durante as atividades socioeducativas.

Um destaque na relação desse serviço com a segurança alimentar e nutricional é a garantia do lanche. Assim como a merenda escolar é significativa para o processo de aprendizagem na escola, também o lanche tem papel importante na proteção daqueles que participam periodicamente de serviços de assistência social (Brasil, 2010b).

No guia *Orientações técnicas sobre o Serviço de Convivência e Fortalecimento de Vínculos para crianças e adolescentes de 6 a 15 anos: prioridade para crianças e adolescentes integrantes do programa de erradicação do trabalho infantil*, publicado em 2010, podemos observar a prescrição clara acerca da necessidade de lanche e de água para todos os participantes:

> Nos espaços de uso comum, deve haver água potável, locais adequados para preparo e distribuição do lanche ou refeição. A alimentação deve respeitar os valores nutricionais necessários ao desenvolvimento das crianças e adolescentes, bem como os aspectos culturais relativos à cultura alimentar de cada região. (Brasil, 2010b, p. 59)

Observamos, ainda, que não se trata apenas de alimentar os participantes, pois há a preocupação com os aspectos nutricionais relacionados a cada etapa de vida, levando-se em consideração o respeito aos aspectos de cultura alimentar inerentes à lógica do direito humano à alimentação adequada.

4.3.2 Serviços e unidades de atendimento à população em situação de rua

Os Centros de Referência Especializados para População em Situação de Rua (Centros Pop) são unidades de atendimento voltadas especificamente às pessoas que se encontram em situação de rua. Nesses locais, são prestados os trabalhos que integram o Serviço Especializado para Pessoas em Situação de Rua e o Serviço Especializado em Abordagem Social, além de projetos e programas conforme o planejamento e os investimentos de cada unidade/município. Quando não há demanda suficiente na cidade, esses serviços são prestados pelos Centros de Referência Especializados de Assistência Social (Creas) ou pelas equipes de proteção social especial vinculadas à gestão municipal.

O atendimento ao público-alvo exige alinhamento da política de assistência social com a Política Nacional para a População em Situação de Rua, aprovada pelo Decreto n. 7.053, de 23 de dezembro de 2009 (Brasil, 2009a), que apresenta caráter intersetorial. Nessa dinâmica, assistência social e segurança alimentar devem atuar de forma integrada entre si e com outras políticas básicas, tais como a saúde, o trabalho e a educação (Brasil, 2009a).

No que se refere ao funcionamento dos Centros Pop, orienta-se que haja uma atuação conjunta com os equipamentos de segurança alimentar e nutricional da região, de forma a assegurar o acesso à alimentação adequada:

> Cabe destacar que, no que diz respeito ao acesso à alimentação, é importante que a população em situação de rua acesse serviços e equipamentos vinculados à política de Segurança Alimentar e Nutricional existentes no território, a exemplo dos Restaurantes Populares e das Cozinhas Comunitárias. Para isso, a equipe do Centro POP deverá orientar os usuários e articular meios necessários para garantir este acesso. O Centro POP poderá oferecer, ainda, lanches quando da participação dos usuários nas atividades ofertadas. (Brasil, 2011, p. 50)

Cabe ressaltar a necessidade de ampliação da cobertura de atendimento dos equipamentos de segurança alimentar nos municípios brasileiros, a fim de assegurar o devido acesso à alimentação a todos os públicos. Como vimos no capítulo anterior, nem todos os municípios contam com restaurantes populares ou cozinhas comunitárias, nem mesmo aderiram ao Sisan e construíram seus planos municipais de segurança alimentar e nutricional. Dessa forma, sobrecarrega-se a política de assistência social e corre-se o risco de negligenciar os critérios mínimos necessários à promoção do acesso à alimentação, de acordo com as premissas do direito humano à alimentação adequada.

4.3.3 Serviços de acolhimento

Os serviços de acolhimento estão compreendidos nas ações de proteção social especial de alta complexidade. Visam à proteção de pessoas em situação de risco, com vínculos familiares rompidos ou inexistentes. Entre esses serviços estão as casas-lares, os abrigos institucionais, as instituições de longa permanência para idosos, as casas de passagem, as residências inclusivas e as repúblicas. Trata-se de espaços de atendimento e, mais do que isso, de moradia. Com exceção das casas de passagem, em que a permanência é mais breve, nas demais modalidades os usuários passam a residir nas unidades de acolhimento, durante o período necessário, até que possam retornar a seus antigos espaços de convivência familiar ou ser encaminhados para novas moradias/famílias.

Nesses locais, as condições de acesso à alimentação devem estar de acordo com as premissas da segurança alimentar e nutricional e em situação de regularidade conforme a Agência Nacional de Vigilância Sanitária (Anvisa). Por se tratar de espaços de moradia, suas estruturas físicas compreendem o preparo e o servimento de refeições ao longo do dia, segundo as características de cada grupo.

Tomemos como exemplo o caso das instituições de longa permanência para idosos (Ilpis), em que são exigidas seis refeições diárias, bem como práticas de higiene e adequada manipulação e armazenamento de alimentos, como podemos observar no item 5.3 da Resolução de Diretoria Colegiada (RDC) n. 283, de 26 de setembro de 2005 (Brasil, 2005a), da Anvisa:

> 5.3 – Alimentação
>
> 5.3.1 A Instituição deve garantir aos idosos a alimentação, respeitando os aspectos culturais locais, oferecendo, no mínimo, seis refeições diárias.
>
> 5.3.2 – A manipulação, preparação, fracionamento, armazenamento e distribuição dos alimentos devem seguir o estabelecido na RDC nº 216/2004 que dispõe sobre Regulamento Técnico de Boas Práticas para Serviços de Alimentação.
>
> 5.3.3 – A instituição deve manter disponíveis normas e rotinas técnicas quanto aos seguintes procedimentos: a) limpeza e descontaminação dos alimentos; b) armazenagem de alimentos; c) preparo dos alimentos com enfoque nas boas práticas de manipulação; d) boas práticas para prevenção e controle de vetores; e) acondicionamento dos resíduos. (Brasil, 2005a)

Assim, também os demais serviços de acolhimento seguem diretrizes de garantia de alimentos em quantidade e em qualidade adequadas, nutricionalmente correspondentes às necessidades da faixa etária do público atendido e com respeito aos hábitos alimentares regionais e às culturas específicas das famílias de origem de cada pessoa acolhida.

4.3.4 Benefícios de transferência de renda

Os benefícios de transferência de renda estão compreendidos entre as ações da política de assistência social no Brasil e equivalem a repasses periódicos de renda às famílias beneficiárias (Brasil, 2005b). Os programas de transferência de renda no Brasil têm como característica comum a seletividade, ou seja, não são atribuídos a todos, mas a uma parte específica da população. Destinam-se a pessoas/famílias que contemplam um conjunto de critérios previamente estabelecidos, não são permanentes e podem apresentar condicionalidades para sua manutenção.
A seguir, destacamos algumas experiências de transferência de renda no Brasil.

- **Benefício de Prestação Continuada (BPC)** – Trata-se do pagamento mensal de um salário mínimo para pessoas idosas ou com deficiência que não tenham condições de prover o próprio sustento ou de tê-lo provido por sua família. Nessa perspectiva, consideram-se como idosas as pessoas com 65 anos ou mais e como pessoas com deficiência aquelas com incapacidade permanente (acima de dois anos) para o trabalho. De acordo com a Loas, o critério que define a falta de condições de provisão do próprio sustento é a sobrevivência com renda *per capita* mensal inferior a um quarto do salário mínimo, até dezembro de 2020. Esse critério de renda pode ser flexibilizado em até meio salário mínimo, a partir de janeiro de 2021, segundo a Lei n. 13.982, de 2 de abril de 2020 (Brasil, 2020b), que alterou a Loas (Brasil, 1993b, 2012).

- **Programa Bolsa Família** – Compreende um conjunto articulado de ações voltadas à superação da situação de miséria/pobreza, entre as quais consta um repasse mensal de renda cujo valor muda segundo a realidade social de cada família (Brasil, 2017c). Considerando-se a relevância desse programa na perspectiva da garantia do direito à renda, como também à alimentação adequada, ele será mais bem detalhado no próximo capítulo.

- **Programas/benefícios de transferência de renda municipais e estaduais** – Os municípios e os estados podem também promover ações de assistência social, em seu limite de abrangência, que contemplem a transferência de renda. Nesse caso, são utilizados recursos do orçamento próprio dos estados/municípios autores/gestores do benefício, bem como são decididos os critérios de acesso, manutenção e exclusão de beneficiários, no âmbito das esferas (município/estado) em que o benefício é operacionalizado (Brasil, 2012).

Os benefícios de transferência de renda impactam o acesso aos alimentos, pois há estreita ligação entre a pobreza e as situações de insegurança alimentar e nutricional. Quando se transferem recursos monetários para a população, são estimulados tanto o acesso aos produtos básicos quanto a autonomia de gestão da renda, promovendo-se um caminho de emancipação e cidadania.

4.3.5 Benefícios eventuais

No âmbito da assistência social, benefícios eventuais são prestações de valores ou de produtos destinados a atender a demandas pontuais ou, como o próprio nome sugere, eventuais. De acordo com o Decreto n. 6.307, de 14 de dezembro de 2007 (Brasil, 2007), são benefícios destinados aos seguintes casos: nascimento, morte, calamidade ou vulnerabilidade temporária. Cada município tem autonomia para regulamentar a forma como disponibilizará esses benefícios aos munícipes, bem como os critérios que orientarão o direito ou não de obtê-los.

Para os casos de nascimento, são destinados recursos que cooperem com a família no período de chegada da nova criança, como roupas de bebê, fraldas, outros itens de enxoval e mesmo recursos para a mãe. Podem ainda estar relacionados a formas de apoio à mãe, em casos de natimortos, ou à família, em casos de morte da mãe. Trata-se de prestação única ou por curto período de tempo, segundo está definido em cada município, e caracterizada, de forma geral, como *auxílio por natalidade* ou *benefício eventual* por situação de natalidade (Brasil, 2018g).

Em casos de morte, aplica-se o auxílio por morte ou benefício eventual por situação de morte. Trata-se de recursos referentes às despesas relacionadas ao velório, aos serviços funerários e ao sepultamento, além de apoio à família para enfrentamento de riscos e vulnerabilidades decorrentes da morte de um de seus integrantes (Brasil, 2018g).

Para os casos de calamidade pública, esta precisa ser decretada pelo município. Deve ser uma ação planejada, e cabe aos gestores locais da política de assistência social e ao conselho municipal do setor definir os critérios e a forma de prestação de benefícios eventuais para famílias ou indivíduos que venham a se encontrar nessa situação, de modo a promover a reconstrução de sua autonomia (Brasil, 2007).

> Art. 8º [...]
> Parágrafo único. Para os fins deste Decreto, entende-se por estado de calamidade pública o reconhecimento pelo poder público de situação anormal, advinda de baixas ou altas temperaturas, tempestades, enchentes, inversão térmica, desabamentos, incêndios, epidemias, causando sérios danos à comunidade afetada, inclusive à incolumidade ou à vida de seus integrantes. (Brasil, 2007)

Os casos de vulnerabilidade temporária devem ser interpretados em sua singularidade e observando-se o compromisso com a promoção da autonomia do usuário. As vivências que podem ser identificadas como *vulnerabilidade temporária* são diversas, mas, de forma a orientar o trabalho técnico, estão caracterizadas, de maneira geral, no Decreto n. 6.307/2007 e mais bem detalhadas no documento: *Orientações técnicas sobre benefícios eventuais no Suas* (Brasil, 2018g).

Observe com atenção o texto do art. 7º do Decreto n. 6.307/2007:

> Art. 7º A situação de vulnerabilidade temporária caracteriza-se pelo advento de riscos, perdas e danos à integridade pessoal e familiar, assim entendidos:

I – riscos: ameaça de sérios padecimentos;

II – perdas: privação de bens e de segurança material; e

III – danos: agravos sociais e ofensa.

Parágrafo único. Os riscos, as perdas e os danos podem decorrer:

I – da falta de:

a) acesso a condições e meios para suprir a reprodução social cotidiana do solicitante e de sua família, principalmente a de alimentação;

b) documentação; e

c) domicílio;

II – da situação de abandono ou da impossibilidade de garantir abrigo aos filhos;

III – da perda circunstancial decorrente da ruptura de vínculos familiares, da presença de violência física ou psicológica na família ou de situações de ameaça à vida;

IV – de desastres e de calamidade pública; e

V – de outras situações sociais que comprometam a sobrevivência. (Brasil, 2007)

Um aspecto significativo no campo dos benefícios eventuais é considerar a devida distinção entre as situações de vulnerabilidade e de vulnerabilidade temporária. O Quadro 4.2 demonstra essa distinção com maior precisão. Isso é importante para que sejam evitadas ações que reproduzam o assistencialismo e a dependência.

Os benefícios eventuais têm características emergenciais e demandam uma resposta rápida do Poder Público. Contudo, não caracterizam continuidade, mas uma prestação capaz de atender às demandas impostas por eventos específicos. Quaisquer situações que se apresentem de forma mais prolongada devem ser atendidas no âmbito dos demais serviços e benefícios, e não mais pelos benefícios eventuais (Brasil, 2018g).

Quadro 4.2 – Diferença entre as situações de vulnerabilidade e de vulnerabilidade temporária

Vulnerabilidade	Vulnerabilidade temporária
O indivíduo e a família se encontram em situação de vulnerabilidade quando sua capacidade de resposta para enfrentar uma determinada situação não é suficiente para manter a "reprodução social cotidiana". A vulnerabilidade pode decorrer da ausência de renda, precário ou nulo acesso aos serviços públicos, situação de calamidade, fragilização dos vínculos afetivos e de pertencimento social decorrentes de discriminações etárias, étnicas, de gênero.	A vulnerabilidade temporária disposta no Decreto 6.307/07 configura-se numa situação em que o indivíduo ou sua família estão **momentaneamente impossibilitados** de lidar com o enfrentamento de situações específicas, cuja ocorrência impede ou fragiliza a manutenção daquele indivíduo, da unidade familiar ou limita a autonomia de seus membros. É caracterizada na **normativa como riscos, perdas e danos vivenciados circunstancialmente tais como: Ausência de documentação, alimentos, abrigo/residência, violências, ruptura de vínculos familiares e situações de ameaça a vida.**
Benefício eventual na situação de vulnerabilidade temporária	
A oferta de benefício eventual nessa situação **objetiva garantir o restabelecimento das Seguranças Sociais** que foram comprometidas com o evento incerto. Envolve o processo de acolhida e recuperação da autonomia dos sujeitos sociais, promovendo tanto o acesso a bens materiais quanto imateriais no restabelecimento do convívio familiar e comunitário dos beneficiários.	

Fonte: Brasil, 2018g, p. 35-36, grifo do original.

Diante das situações de vulnerabilidade temporária, as ações do Poder Público podem se concretizar por meio da viabilização de documentação pessoal, recursos para acesso a meios de transporte necessários à situação, meios que assegurem proteção e moradia e processos que promovam o acesso à alimentação, entre outros (Brasil, 2007, 2018g).

Exemplificando

Considerando a análise anterior, em que evidenciamos a relação entre as políticas de assistência social e de segurança alimentar e nutricional, destacaremos a questão do alimento como benefício eventual diante de uma situação de vulnerabilidade temporária.

Segundo as *Orientações técnicas sobre benefícios eventuais no Suas* (Brasil, 2018g), os municípios têm autonomia para decidir sobre a forma como devem ofertar os alimentos como benefícios eventuais. A opção recomendada é que o repasse seja feito por pecúnia, ou seja, em valor que permita comprar comida segundo a necessidade e as escolhas do usuário, de modo a assegurar os critérios de respeito a sua autonomia e a sua identidade cultural alimentar. Contudo, quando feita opção pela destinação de cestas de alimentos, esta deve estar adequada aos princípios da segurança alimentar e nutricional.

> Quando a gestão local decidir pela oferta em bens é importante observar que a composição de alimentos ofertados no âmbito do benefício eventual deverá respeitar e levar em consideração os hábitos alimentares locais, a dignidade dos cidadãos e o direito humano à alimentação adequada.
>
> Vale destacar que o benefício eventual por vulnerabilidade temporária, ofertado para suprir necessidade de alimentação, deve ser visto na ótica do direito de cidadania e do direito humano à alimentação, princípio estruturante da política de segurança alimentar e nutricional. (Brasil, 2018g, p. 38)

Acerca da destinação de cestas de alimentos, no âmbito da política de assistência social, deve-se frisar que **não se trata de uma doação**. O Poder Público não realiza doações de cestas básicas, e sim executa ações previstas dentro de uma política pública. Portanto, o acesso às cestas de alimentos, conhecidas mais popularmente como *cestas básicas*, não é um favor do município, do profissional que fez o atendimento ou de qualquer outro agente envolvido nesse processo. Trata-se de um direito.

Entretanto, pensar em direito à assistência social implica considerá-la de forma ampliada. O acesso mensal, repetido, recorrente às cestas de alimentos não coopera para a promoção da superação das situações de vulnerabilidade vivenciadas de maneira mais contínua. No conjunto de possibilidades de atendimento ofertado pela assistência social, a cesta básica é um elemento compreendido como benefício eventual, voltado às vulnerabilidades temporárias. Quando a necessidade desse recurso, por algum motivo, ultrapassa os limites do período considerado temporário, devem ser acionadas outras formas de intervenção, tanto no âmbito da política de assistência social (como os programas de transferência de renda) quanto no de sua articulação com outras políticas setoriais e intersetoriais, como as do trabalho, da educação e da segurança alimentar e nutricional (Brasil, 2018g).

Observemos, com atenção, algumas prescrições das *Orientações técnicas sobre benefícios eventuais no Suas*:

> Quando houver a necessidade de uma provisão alimentar contínua em âmbito local, por exemplo, ocasionada por desemprego acentuado, baixa produtividade decorrente de secas ou chuvas intensas por longo período, essa oferta não deverá ser realizada no campo da política de Assistência Social, tendo em vista a natureza jurídica eventual do benefício. (Brasil, 2018g, p. 39)

> Programas específicos relativos à segurança alimentar e outras políticas devem ser articulados para dar conta de demandas que ultrapassam os limites de resolutividade da política de Assistência Social via benefício eventual. (Brasil, 2018g, p. 39)

> a oferta permanente e exclusiva de alimentação para população de territórios muito vulneráveis não assegura possibilidades reais de conquista da autonomia, que é referência fundamental do SUAS. (Brasil, 2018g, p. 40)

Portanto, em casos de situação continuada de falta de acesso a alimentos, o foco da política de assistência social não deve localizar-se apenas na atenção imediata e recorrente a essa necessidade. É preciso construir caminhos abrangentes e intersetoriais capazes de promover a superação da situação de insegurança alimentar, além de garantir a autonomia dos usuários (Brasil, 2018g).

Assim, observamos grande correlação entre os serviços e os benefícios socioassistenciais e a política de segurança alimentar e nutricional. Vale mencionar, ainda, que uma das ações de maior evidência no campo da promoção dos direitos à renda e à alimentação é representada pelos programas/benefícios de transferência de renda voltados à superação da pobreza e da miséria. Dessa forma, a temática da transferência de renda e a principal experiência brasileira nessa área, o Programa Bolsa Família, serão detalhadas no próximo capítulo.

Estudo de caso

O caso da "doação" de cestas básicas

No campo das práticas assistenciais – principalmente daquelas com forte tendência assistencialista –, uma das primeiras ações de enfrentamento à pobreza e à fome é a doação de cestas básicas. Trata-se de uma medida bastante presente no imaginário popular e reforçada por práticas alicerçadas no senso comum.

É uma experiência de caridade ou de solidariedade corrente ao longo da construção histórica do Brasil e ainda bastante comum nas mais diversas iniciativas sociais solidárias ou voluntárias. Contudo, a mesma prática assistencialista acaba sendo reproduzida na esfera da política pública, implicando o investimento de recursos humanos, físicos e orçamentários para sua manutenção (Brasil, 2018g).

E onde está o erro de tal prática?

A doação de cestas básicas em uma perspectiva de caridade e de solidariedade está alinhada a uma perspectiva de favor, vinculada a uma relação na qual quem tem mais compartilha uma parte do que possui com aquele que tem menos, com base no critério de sua própria vontade. Nessa relação, quem recebe não tem direito ao bem, mas está sendo agraciado pela generosidade do doador.

Quando se reproduz a prática da "doação" de cestas básicas em uma política pública, alguns riscos podem estar implícitos, entre eles a manutenção do beneficiário na condição de favorecido ou mesmo de dependente.

Vejamos a seguir alguns aspectos dessa prática.

- **A impossibilidade de escolha do alimento que será consumido** – Na contramão das principais premissas do direito humano à alimentação adequada, o usuário que recebe uma cesta básica convencional, por meio de um atendimento em uma política pública, não exerceu seu direito de escolha, pois a cesta vem pronta, montada. Nela estão os componentes entendidos como *básicos*. No entanto, não é considerada a diversidade que está relacionada aos aspectos regional e cultural que envolvem o gosto pelos alimentos, tampouco o paladar dos beneficiários. Por exemplo, não é levado em conta o maior ou menor apreço pelo feijão preto em relação ao feijão vermelho, pelo arroz parboilizado em relação ao arroz branco ou pelo fubá em relação à farinha de tapioca. Assim, é retirado da pessoa o direito de escolher o próprio alimento. Por um lado, sua condição de pobreza implica comer o que os outros escolheram, seja por gosto, seja por menor custo. Por outro, aquele alimento que não agrada a seu paladar ou mesmo de sua família corre um grande risco de ser desperdiçado. Nesse sentido, é comum ouvirmos casos de alimentos que são destinados aos animais ou mesmo descartados. Porém, devemos nos lembrar dos alimentos que foram custeados com dinheiro público.
- **As formas de seleção dos usuários para acesso aos alimentos** – Outro aspecto que deve ser observado com bastante atenção no que se refere à "doação" de cestas básicas no campo das políticas públicas é o procedimento que será adotado para a seleção dos beneficiários. Quando é adotado um critério matemático,

relacionado a um cálculo realizado sobre a renda da pessoa ou de sua família, o acesso ou o não acesso à cesta básica gera menores impactos para a autonomia dos beneficiários; entretanto, não são consideradas as singularidades de cada realidade familiar. Assim, não é raro que o critério seja de maior teor subjetivo, com base em uma avaliação de um ou de mais profissionais, feita em uma entrevista, que se dá em um espaço específico de atendimento ou mesmo na residência da família. Vale refletir que a adoção de critérios muito subjetivos impõe ao profissional a responsabilidade de triar, entre os vários casos a que atende, quais são aqueles que "realmente necessitam" ou que "mais necessitam" de uma cesta básica. Esse é um momento arriscado. Certamente o profissional tem competências e habilidades que o tornam apto para tomar essas e outras decisões, porém, nessa conjuntura, profissional e usuário podem se tornar vítimas da reprodução da cultura do favor citada anteriormente. Quando não é adotada uma metodologia de trabalho comprometida com a autonomia, a emancipação e a liberdade do usuário e quando não se percebe que esses elementos precisam ser promovidos, inclusive nos atendimentos relacionados à liberação de cestas básicas, há um grande risco de implementar e de reforçar uma disputa velada entre os usuários, na qual "vence o pior". Quando o critério para a concessão de uma cesta básica é priorizar aqueles que "mais precisam" dela e o conceito de maior necessidade não está devidamente problematizado, estimula-se que os usuários dediquem seus esforços para a comprovação da necessidade, e não para a superação dessa situação. Exemplo disso são as expressões dos usuários nos atendimentos, em que detalham, ampliam e repetem a exposição de seus problemas pessoais e familiares, chegando a situações que podem ser consideradas como exposição vexatória. E, para agravar tal situação, essa cena pode se repetir mensalmente. Fica estabelecida uma corrida em que os usuários precisam comprovar para um profissional que eles "merecem" aquela cesta básica porque são, de fato, os vencedores no "*ranking* da necessidade". Ao lançarmos um olhar crítico sobre essas práticas, observamos o seguinte: o dinheiro público está sendo gasto de uma forma que atende o indivíduo, mas retira dele a autonomia e o induz a gastar suas energias para comprovar sua miséria e sua incapacidade. Na reprodução dessas ações, fica excluída a lógica do direito, e são reforçadas práticas de favor, meritocracia e assistencialismo.

Agora, considerando essas reflexões, elabore uma proposta de intervenção para o caso a seguir que esteja alinhada com o direito humano à alimentação adequada, bem como com a promoção da autonomia, da emancipação e da cidadania.

Em um Centro de Referência de Assistência Social (Cras), vem sendo grande a procura dos usuários por cestas básicas, pois se trata de um benefício que comumente é liberado nessa unidade de atendimento para famílias em situação de vulnerabilidade social. O acirramento da situação de pobreza no território de abrangência do Cras, bem como a divulgação desse tipo de prestação de serviço, vem fazendo com que o número de solicitações por cestas básicas seja ampliado a cada dia. Para agravar a situação, o município informou que o número de cestas básicas liberadas por mês pelo Cras deverá será reduzido pela metade.

Assim, haverá 30 cestas básicas por mês para atender a um conjunto de solicitações que vem crescendo – 80 solicitações há dois meses, 95 solicitações no mês anterior e 112 solicitações no mês corrente.

Apresente uma forma de atendimento dessas 112 solicitações, de maneira a evitar os problemas apresentados no texto de reflexão que abriu este estudo de caso, além de atender à demanda dos sujeitos ou das famílias que fizeram as solicitações, na perspectiva da autonomia.

Síntese

Neste capítulo, abordamos a relação da política de assistência social com a segurança alimentar e nutricional e o direito humano à alimentação adequada. Desde a aprovação da Constituição

Federal de 1988, a assistência social foi reconhecida como direito do cidadão e dever do Estado. Portanto, passou a ser uma política pública organizada, que visa à proteção social, à defesa de direitos e à vigilância socioassistencial.

A política pública de assistência social é voltada para pessoas que se encontram em situação de vulnerabilidade ou de risco social, caracterizada por casos de pobreza, miséria, falta de acesso a serviços básicos e vivência de violações de direitos, como a violência doméstica e o preconceito. As pessoas nessas condições, muitas vezes, têm seu direito à alimentação negligenciado. Dessa forma, as prerrogativas da promoção da segurança alimentar e nutricional devem se aplicar também aos serviços e aos benefícios da área da assistência social.

Vimos também que, considerando-se a história da assistência social no Brasil, é necessário estar atento para superar a reprodução das práticas assistencialistas que tratam da destinação de benefícios de assistência social como se fossem uma "doação", um ato de solidariedade, de caridade aos "menos favorecidos". Assim, a assistência social, entendida como política pública, deve considerar a emancipação dos usuários e promover a segurança alimentar e nutricional com base em ações articuladas com outras políticas setoriais e com iniciativas do Poder Público e da sociedade civil.

Questões para revisão

1. A política pública de assistência social integra o conjunto de políticas setoriais que contribuem para a promoção da segurança alimentar e nutricional, a qual está prevista nos serviços socioassistenciais. Assinale a alternativa que apresenta apenas exemplos de serviços da área da assistência social:

    a) Serviços de convivência e fortalecimento de vínculos; serviços de acolhimento institucional; serviços especializados para pessoas em situação de rua.

b) Serviços de convivência e fortalecimento de vínculos; serviços de vacinação; serviços especializados para pessoas em situação de rua.
c) Serviços de ensino profissionalizante; serviços de vacinação; serviços especializados para pessoas em situação de rua.
d) Serviços de convivência e fortalecimento de vínculos; serviços de ensino profissionalizante; serviços especializados para pessoas em situação de rua.
e) Serviços de convivência e fortalecimento de vínculos; serviços de ensino profissionalizante; serviços especializados em educação infantil.

2. A política de assistência social, desde a aprovação da Constituição Federal de 1988, é reconhecida como direito do cidadão e dever do Estado. Contudo, ainda é presente a reprodução, no campo da assistência social, de práticas que reforçam as culturas históricas de benemerência e de clientelismo. Assinale a alternativa que apresenta um exemplo de reprodução da cultura do favor no âmbito da assistência social, na contramão do que é previsto pela atual legislação:

   a) A "doação" de cestas básicas.
   b) O cadastramento dos usuários em formulários-padrão.
   c) O atendimento prestado em serviços de proteção social básica e especial.
   d) A articulação de benefícios e serviços socioassistenciais.
   e) A oferta de serviços de acolhimento institucional.

3. Um dos serviços de acolhimento ofertados pela política de assistência social, voltado às pessoas idosas, é prestado nas instituições de longa permanência para idosos (Ilpis). Uma ação relacionada à promoção da segurança alimentar e nutricional nesses locais refere-se à previsão de uma quantidade mínima de refeições a serem ofertadas por dia. Assinale a alternativa que apresenta a quantidade mínima de refeições diárias em uma Ilpi, de acordo com a Resolução n. 283/2005:

a) Três refeições.
b) Quatro refeições.
c) Cinco refeições.
d) Seis refeições.
e) Sete refeições.

4. Um dos tipos de ação prestada no âmbito da assistência social é definido pelos benefícios de transferência de renda. São exemplos disso o Benefício de Prestação Continuada (BPC) e o benefício monetário compreendido pelo Programa Bolsa Família. Desenvolva um texto que explique a relação dos benefícios de transferência de renda com a promoção da segurança alimentar e nutricional.

5. Um aspecto importante na operacionalização de benefícios eventuais na política de assistência social é a diferenciação entre as situações de vulnerabilidade e de vulnerabilidade temporária. Apresente aspectos que evidenciam essa distinção.

Questões para reflexão

1. Leia com atenção a seguinte afirmativa, que consta no documento *Orientações técnicas sobre benefícios eventuais no Suas* (Brasil, 2018g, p. 40): "a oferta permanente e exclusiva de alimentação para população de territórios muito vulneráveis não assegura possibilidades reais de conquista da autonomia, que é referência fundamental do SUAS".

    Aprofunde a análise desse fragmento de texto acerca dos riscos para a autonomia quando são adotadas estratégias permanentes e exclusivas de oferta de alimentos. Disserte sobre tais riscos e aponte possibilidades de superação deles.

2. O público atendido pela política pública de assistência social sofre, em muitos aspectos, exclusões sociais decorrentes da falta de acesso a serviços e de efetividade de seus direitos de cidadania. Essas formas de negligência repercutem no não acesso ao direito humano à alimentação adequada.

    Reflita e discuta acerca dos desafios vivenciados pelos usuários da política de assistência social para exercer seu direito humano à alimentação adequada e apresente propostas para a superação desses problemas, na perspectiva da política pública.

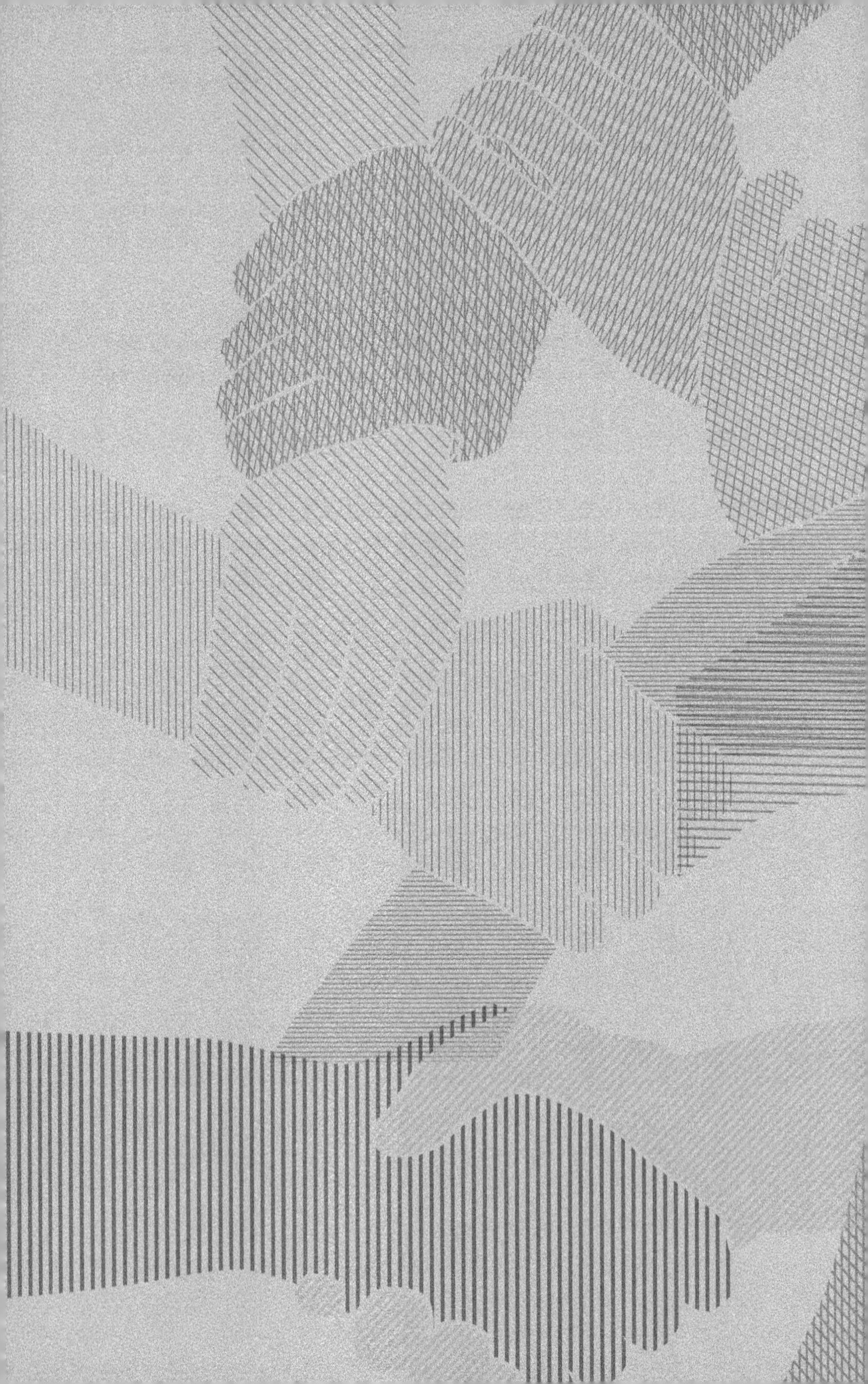

Transferência de renda

CAPÍTULO 5

Conteúdos do capítulo:

- Transferência de renda no âmbito das relações capitalistas.
- Transferência de renda: relação com o conceito de *renda mínima*.
- Programa Bolsa Família: história, definições e resultados.

Após o estudo deste capítulo, você será capaz de:

1. identificar os contextos social, político e econômico em que são constituídas as iniciativas de transferência de renda;
2. compreender a relação das iniciativas de transferência de renda com as propostas de renda mínima;
3. reconhecer potencialidades, desafios e resultados do Programa Bolsa Família.

Neste capítulo, aprofundaremos o conhecimento acerca das iniciativas de transferência de renda, no âmbito das políticas públicas. Daremos especial destaque à experiência brasileira consolidada no Programa Bolsa Família.

Para nossa discussão, partiremos da premissa de que renda é direito e abordaremos as formas de expressão das iniciativas de transferência de renda, sua operacionalização e os aspectos inerentes à base conceitual que as determina.

5.1 Transferência de renda no âmbito das relações capitalistas

A transferência de renda está compreendida no conjunto de ações das políticas redistributivas, as quais desenvolvem uma função importante no contexto do capitalismo. O modelo de produção capitalista é sustentado por uma lógica de progressiva acumulação da riqueza, no entanto ele falha em distribuir a riqueza socialmente produzida.

É importante destacar que optar pela execução de políticas sociais, que se caracterizam como políticas redistributivas, não é um ato de generosidade ou de profunda coerência moral dos governos. As políticas sociais trazem em si uma contradição, pois, ainda que sejam voltadas ao objetivo de promover melhorias nas condições de vida das parcelas mais pobres da população, são também uma forma de assegurar a permanência do sistema capitalista (Boneti, 2011; Boschetti et al., 2009).

No final do século XIX, o capitalismo assumiu um novo contorno em suas estratégias e em seu desenvolvimento. Iniciou-se uma fase que veio a ser classificada como *capitalismo monopolista*, na qual o Estado começou a ter especial função no âmbito das relações de produção, de comércio e de contenção das tensões geradas pela desigualdade na sociedade. Assim, a intervenção estatal que outrora havia sido rejeitada passou a ser necessária para a sobrevivência desse sistema. Nessa perspectiva, o Estado medeia relações e interfere de forma a proteger o próprio capitalismo das mazelas que ele, essencialmente, gera (Netto, 2009b).

Nessa conjuntura, o Estado não apenas intervém nas relações econômicas e comerciais, mas também adota parâmetros de atuação com desdobramento coletivo, que atendam às demandas da sociedade e permitam o avanço da estrutura social vigente. Dessa forma, as políticas sociais acabam se consolidando em um ambiente de constante tensão entre as diferentes forças presentes na sociedade, sejam elas do próprio governo, sejam do mercado, sejam da sociedade organizada (Derani, 2004).

Sposati et al. (2014, p. 36) discutem o cenário em que as ações de caráter social expressam as contradições presentes na sociedade:

> o Estado burguês, ao lado da exclusão econômica e política, deve assegurar uma distribuição de benefícios e o atendimento a demandas da força de trabalho, ainda que se contraponham a certos interesses do capital. É, portanto, um Estado de alianças, inclusive de interesses conflitantes que se modificam no curso no processo histórico. Neste movimento são as políticas sociais o espaço de concretização dos interesses populares, embora absorvidos no limite do pacto de dominação.

As políticas sociais desempenham uma função de redistribuição da riqueza na medida em que se utilizam de recursos públicos, oriundos de tributação, para ofertar acessos a benefícios e a serviços básicos à população em geral ou a segmentos específicos entendidos como de maior fragilidade. Assim, são consolidadas políticas que ofertam serviços de acesso gratuito pela população, como educação, saúde e lazer. Nesse caso, a riqueza é compartilhada, oportunizando melhores condições de vida e de desenvolvimento, sem, contudo, contar com mediações monetárias.

Outra opção no campo da redistribuição de riquezas é a consolidação de benefícios que transferem valores monetários diretamente ao cidadão, de forma que este conduza com maior autonomia o usufruto da "parcela da riqueza" que lhe é de direito. Nessa categoria estão as diferentes experiências de transferência de renda. Entre a distribuição de renda por meio de serviços e a distribuição de renda direta, há diferentes interpretações, opiniões e opções políticas. A prestação de serviços tem caráter mais estrutural e implica investimentos capazes de fomentar mudanças mais duradouras em longo prazo. Já a transferência direta abrange a dimensão do respeito pela autonomia e pela liberdade do indivíduo, porém pode restringir-se à reprodução de relações de mercado que mantenham a população empobrecida e excluída sempre nessa mesma condição.

> Note-se que a expansão de políticas sociais estruturadoras, como na área da saúde, previdência, educação, entre outras, que os governos neoliberais transformaram em serviços mercantis, sempre foi objeto de uma forte reação da direita continental, historicamente patrimonialista, oligárquica e antirreformista; já as políticas fiscais de transferência de renda e suas portas de 'saída', como os programas de *inclusão produtiva*, não apenas são apoiadas como vêm sendo objeto de parcerias entre os setores público e privado, sem afetar a concentração da riqueza, como esclarece Sheyla Nadiria [...], ao afirmar que esta política, 'financiada pelas tributações sobre os salários, distribui a renda do trabalho entre os próprios trabalhadores – equalizando a pobreza entre eles –, enquanto resguarda a riqueza produzida de quaisquer questionamentos e lutas pela sua repartição, para que possa ser transferida às esferas do capital financeiro internacional'. (Nascimento, 2015, p. 11)

Assim, as iniciativas de transferência de renda são permeadas de intensa contradição no âmbito das relações capitalistas, pois elas tanto oportunizam acesso a produtos e serviços essenciais quanto agem de forma a manter o funcionamento do próprio modelo capitalista, que é o elemento gerador das desigualdades que pretendem enfrentar.

5.2 Transferência de renda e renda mínima

As práticas de transferência de renda no Estado brasileiro têm relação com os conceitos de *renda mínima* ou *renda básica*, conforme vimos no Capítulo 1. O modelo adotado apresenta características de seletividade. No Brasil, a experiência de transferência de renda está relacionada a práticas de atenção aos mais pobres que consigam comprovar essa situação. Essa característica está presente na operacionalização do Benefício de Prestação Continuada (BPC), do Programa Bolsa Família e de outras iniciativas de transferência de renda, de abrangência municipal ou estadual. Portanto, não detêm atributos de universalidade.

A discussão acerca do tema no Brasil ganhou evidência na década de 1970:

> No Brasil, o debate sobre a transferência de renda, mediante programas de renda mínima, tem sido vinculado a uma agenda de erradicação da pobreza. O primeiro registro data de 1975, num artigo publicado na *Revista Brasileira de Economia*, denominado "Redistribuição de Renda", de Antônio Maria da Silveira. No artigo, o autor defende que, no Brasil, não se verificava uma relação adequada entre crescimento econômico e bem-estar, comprometendo as necessidades de sobrevivência da população, inclusive dos trabalhadores. Considerava que uma gradativa e efetiva extinção da pobreza exigia uma intervenção governamental, sugerindo uma proposta fundamentada no Imposto de Renda Negativo, proposta de autoria de Friedman (1962). Tomava por base um nível de subsistência e sugeria uma transferência monetária proporcional à diferença entre um nível mínimo para isenção de imposto e a renda auferida pelo pobre. (Silva e Silva, 2016, p. 27)

No Brasil, os benefícios de transferência de renda são mediados pela Política Nacional de Assistência Social (Pnas), que os compreende sob a perspectiva do direito à renda e como iniciativas que devem compor estratégias integradas de superação da pobreza e da miséria.

5.3 Programa Bolsa Família: uma experiência brasileira

É impossível falar de transferência de renda no Brasil das décadas de 2000 e de 2010 sem considerar a experiência do **Programa Bolsa Família (PBF)**. Sob muitos aspectos, ele é entendido como um programa controverso[1], mas inegavelmente se trata de um marco na aplicação de teorias do direito à renda no Brasil, com resultados consolidados e comprovados. Em uma análise dos 15 anos do programa, ele foi reconhecido como o "maior programa de transferência condicionada[2] de renda do mundo" (Silva, 2018, p. 9).

A ação fundamental do Programa Bolsa Família é o repasse de benefícios financeiros de forma direta às famílias. O recurso do governo federal é depositado em uma conta nominal ao responsável familiar, na Caixa Econômica Federal. Mas, para além do repasse financeiro, existe um conjunto de ações que visam à superação da situação de pobreza pelas famílias (Brasil, 2017c).

---

1 O Programa Bolsa Família é alvo de estudos acerca de seus excelentes resultados na superação da miséria e no acesso aos direitos sociais, apesar de sofrer críticas em relação a sua dinâmica de gestão, por causa de condicionalidades, falhas no processo de emancipação dos usuários ou outras limitações. Neste livro, apontaremos reflexões importantes sobre a conexão desse programa com a defesa e a garantia dos direitos à renda e à alimentação, sem, porém, esgotar o rico e amplo debate que envolve essa iniciativa pública.

2 Trata-se de um programa de transferência de renda condicionada por não se caracterizar como universal e compreender critérios para acessá-lo e nele permanecer (Souza et al., 2018).

5.3.1 História do Programa Bolsa Família e acesso aos alimentos com promoção da autonomia e da cidadania

O Programa Bolsa Família foi criado em 20 de outubro de 2003 e sancionado por meio da Lei n. 10.836, de 9 de janeiro de 2004 (Brasil, 2004c). Não se constituiu em uma ideia inédita, pois compreendeu a integração de quatro outros programas vigentes: o Bolsa Escola Nacional, o Bolsa Alimentação, o Cartão Alimentação e o Auxílio Gás (Nascimento, 2015; Souza et al., 2018).

> A criação do PBF, em outubro de 2003, promoveu a unificação administrativa e consolidou o Cadastro Único, criado em 2001, como principal fonte de dados sobre a população de baixa renda. A relação do Governo Federal com os municípios passou a se dar unicamente por meio do Ministério do Desenvolvimento Social (MDS). (Souza et al., 2018, p. 156)

O repasse de recursos financeiros de maneira direta às famílias, por meio de uma conta bancária nominal e de um cartão magnético a ela correspondente, aponta para uma lógica de superação da reprodução de práticas assistencialistas, pontuais e improvisadas. É um marco de que o direito à renda e à alimentação estão sendo respeitados e operacionalizados de forma técnica e especializada, mediante as políticas públicas.

No "Estudo de caso" do capítulo anterior, foram considerados os riscos e os malefícios de se replicarem, no âmbito das políticas públicas, práticas assistencialistas. Foi mencionada a prática da "doação" de cestas básicas e procurou-se promover um questionamento acerca de quais seriam, então, as alternativas a essa ação. Como não negligenciar as pessoas que passam fome e, ao mesmo tempo, promover autonomia e rompimento do ciclo de reprodução da pobreza? A metodologia adotada no Programa Bolsa Família é uma das respostas (ainda que limitada).

Levemos em consideração o seguinte exemplo: uma família é extremamente pobre e precisa de atendimento da assistência social para alcançar as condições mínimas que assegurem que seus membros tenham acesso à alimentação. Desde 2005, ela busca esse atendimento nos Centros de Referência de Assistência Social (Cras), que são unidades públicas estatais que prestam serviços e viabilizam benefícios na área da política pública de assistência social. Nos Cras, o atendimento é realizado por uma equipe técnica especializada, que compreende, no mínimo, a presença de assistentes sociais e psicólogos. A equipe técnica dessa unidade e a gestão da assistência social no município devem atuar de maneira a assegurar o direito dessa família. Ao optar apenas pela entrega de cestas básicas aos usuários identificados como "de direito" após o atendimento[3], perpetua-se uma prática comum às iniciativas voluntárias, concentra-se a atenção na necessidade dos usuários e oferta-se uma resposta imediata, além de se negligenciarem os aspectos de escolha, cidadania e autonomia dos sujeitos daquela família.

De uma forma alternativa à cesta básica, muitos municípios adotaram a destinação de vales que podem ser trocados por alimentos de acordo com a escolha do beneficiário em estabelecimentos credenciados. Essa alternativa é bastante positiva, na medida que assegura que a família ou seu representante escolha os gêneros alimentícios que de fato necessita e que estão compreendidos em sua cultura alimentar. Assegura-se, ainda, maior controle da qualidade dos produtos, que são estocados de forma adequada. Amplia-se o rol de possibilidades de escolha, permitindo o acesso também a produtos perecíveis frescos, o que não é possível na lógica da cesta básica comum.

De uma forma ainda mais qualificada, o Cartão Alimentação e, depois, o Programa Bolsa Família permitiram que o valor destinado à compra de alimentos seja repassado por meio de uma conta bancária nominal. Desse modo, não há necessidade de

---

3 O que já estaria em desacordo com as normativas que orientam as ações da política de assistência social no Sistema Único de Assistência Social (Suas).

troca imediata de todo o valor por produtos, o que possibilita equilibrar as demandas da família com o benefício recebido. Além disso, constitui-se uma nova identidade de cidadania, tornando possível o acesso a uma conta bancária e o manejo de um cartão nominal, cuja responsabilidade de posse e das escolhas decorrentes é do titular.

Cabe ressaltar que, com o Programa Bolsa Família, há uma ação para enfrentamento da fome e um de seus grandes diferenciais é que as práticas assistencialistas pontuais são substituídas por ações sistemáticas que levam o usuário a exercer, no cotidiano, sua cidadania e sua autonomia (Souza et al., 2018).

Outro aspecto a ser destacado é que a escolha acerca de quem tem o direito de receber o benefício não fica a critério de cada técnico individualmente, mas segue um conjunto de parâmetros estudado e debatido no âmbito do ministério e do conselho competentes, que deve orientar a prática em todos os municípios[4]. Retomemos nossa crítica às formas de seleção altamente subjetivas, que induzem o usuário a aperfeiçoar-se na demonstração de sua necessidade e podem chegar ao ponto de provocar situações vexatórias. No Programa Bolsa Família, são considerados critérios de renda, comprovados mediante documentação. E mais uma vez temos um salto de qualidade, afinal, os usuários não mais são estimulados a defender, por meio de palavras posturas e emoções, sua necessidade, e sim são provocados a colocar em dia sua documentação civil e de todos os membros de sua família (Souza et al., 2018).

Os mecanismos de seleção dos usuários para o Programa Bolsa Família são diferentes dos praticados em programas de transferência de renda de outros países em desenvolvimento, onde são utilizados testes indiretos e observação dos domicílios e de seus

---

4   Cabe frisar que não estamos afirmando que os critérios do programa são definitivos e atendem na totalidade às demandas da população, mas que são um direcionamento para o atendimento e devem ser discutidos tecnicamente e pautados nos espaços de controle social e de participação política, que podem incidir em sua alteração, de maneira a facilitar acessos e promover direitos a um número cada vez maior de usuários.

moradores, para identificar as necessidades dos solicitantes, não se atrelando a elegibilidade ao benefício a dados precisos. No caso brasileiro, é composto um conjunto de dados sobre o domicílio, a família e o território, que serão determinantes para a inserção ou não do usuário no programa. Essa opção metodológica aproxima o benefício brasileiro das experiências realizadas nos países desenvolvidos (Souza et al., 2018).

5.3.2 Operacionalização do Programa Bolsa Família

O Programa Bolsa Família é executado por meio do ministério que abrange essa política de assistência social[5] e tem articulação com o Ministério da Saúde e o Ministério da Educação e também com a Caixa Econômica Federal. Sua gestão se dá de maneira intersetorial, por compreender distintas políticas públicas, bem como intergovernamental, pois envolve todas as três esferas de governo: municípios, estados e União (Baddini; Vianna, 2018).

Para pleitear a inserção no programa, o responsável familiar deve procurar um Cras ou o setor responsável no âmbito da estrutura da política de assistência social de seu município. Nesse local, de posse dos documentos pessoais e de todos os membros da família, bem como dos documentos de comprovação de domicílio, o indivíduo é orientado a preencher o Cadastro Único para Programas Sociais do Governo Federal (**Cadastro Único**)[6]. Os dados devem ser comprovados com a respectiva documentação e devem indicar que a família se encontra dentro dos parâmetros preestabelecidos para a inserção ou a manutenção no programa (Caixa Econômica Federal, 2020; Martins, 2013).

---

5   O Bolsa Família já esteve sob a responsabilidade do Ministério do Desenvolvimento Social e Combate à Fome, do Ministério do Desenvolvimento Social e Agrário e, a partir de 2020, do Ministério da Cidadania.

6   O Cadastro Único é uma das principais ferramentas de gestão do Programa Bolsa Família. Por isso, abordaremos esse tema na próxima seção.

O programa é voltado a famílias de baixa renda. Portanto, esse é um critério fundamental para a aprovação ou a reprovação da inclusão do solicitante. Segundo a descrição do Ministério do Desenvolvimento Social e Agrário (MDSA), em 2017, o programa estava voltado para "famílias extremamente pobres (com renda mensal de até R$ 85,00 por pessoa da família) ou pobres (com renda mensal de R$ 85,01 a R$ 170,00 por pessoa da família) superarem a pobreza. 'Transferência de renda' é uma ação que busca garantir a melhora de vida" (Brasil, 2017c, p. 17). Os valores de referência são periodicamente atualizados e, no final de 2020, são consideradas famílias extremamente pobres aquelas com renda inferior a R$ 89,00 mensais *per capita* e famílias pobres aquelas com renda entre R$ 89,01 e R$ 178,00 *per capita* (Brasil, 2020d).

Para saber mais

BRASIL. Ministério da Cidadania. **Bolsa Família**. Disponível em: <https://www.gov.br/cidadania/pt-br/acoes-e-programas/bolsa-familia>. Acesso em: 10 nov. 2020.

Os valores de referência para se definir o corte de renda das famílias que têm acesso ao Programa Bolsa Família estão sempre em atualização. Por isso, sugerimos a consulta ao portal de informações sobre essa política de assistência social.

Uma vez dentro dos critérios de renda *per capita* mensal familiar, prossegue-se com o cálculo do benefício correspondente para determinada família. Os valores não são iguais para todos os beneficiários. Existem diferentes valores para distintos perfis de composição familiar, de modo a potencializar o benefício das famílias que têm indicadores de maior vulnerabilidade relacionados à baixa renda (extremamente pobres) e/ou relacionados à maior necessidade de proteção decorrente da presença de membros que exigem cuidados especiais (crianças, por exemplo). O valor a ser recebido pela família é determinado pela avaliação de sua necessidade e pode ser composto por três diferentes grupos de benefícios (Brasil, 2020d): (1) o benefício básico (para as famílias extremamente pobres); (2) o benefício variável, vinculado à presença de crianças, adolescentes, gestantes e nutrizes (em um máximo de até cinco benefícios variáveis por família); e (3) o benefício para superação da extrema pobreza (destinado a famílias que, mesmo recebendo os demais benefícios do programa, seguem com renda dentro do corte que as caracteriza como extremamente pobres).

A partir da aprovação da inserção no programa, a família recebe um cartão magnético da Caixa Econômica Federal em nome do responsável familiar – há a opção por priorizar a mulher nesse papel. O benefício é depositado mensalmente para o titular do cartão.

Embora se faça relação imediata do Programa Bolsa Família com o benefício monetário a ele correspondente, sua estrutura compreende uma diversidade de ações voltadas às famílias beneficiárias. O programa inclui o atendimento social e o acompanhamento familiar pelas equipes técnicas dos Cras, bem como atendimentos da área da saúde e da educação. A adesão ao programa pela família exige o cumprimento de condicionalidades no âmbito das políticas de saúde e de educação, como forma de comprometimento com os cuidados fundamentais das crianças e dos adolescentes integrantes do grupo familiar. Outras áreas como a educação profissional e os projetos de incentivo à (re)colocação no mercado de trabalho priorizam beneficiários do programa, de forma a constituir um conjunto de forças que vise à emancipação e rompa ciclos de reprodução da pobreza e da dependência de práticas assistencialistas.

> **O PROGRAMA ARTICULA-SE EM TRÊS DIMENSÕES:**
>
> 1. promoção do alívio imediato da pobreza, por meio da transferência direta de renda à família;
>
> 2. reforço ao exercício de direitos sociais básicos nas áreas de saúde e educação, por meio do cumprimento das condicionalidades, o que contribui para que as famílias consigam romper o ciclo da pobreza

entre gerações e possibilita ao poder público identificar situações de risco social às quais as famílias eventualmente estejam expostas;

3. integração com outras ações de governo, os chamados programas complementares, que têm por objetivo o desenvolvimento de capacidades das famílias, de modo que os beneficiários do Bolsa Família consigam superar a situação de vulnerabilidade e pobreza. São exemplos de programas complementares: programas de geração de trabalho e renda, de alfabetização de adultos, de capacitação profissional, entre outros. (Brasil, 2017c, p. 18, grifo do original)

A gestão do programa tem caráter descentralizado, sendo executada de forma integrada pelos gestores das três esferas de governo: municípios, estados e União. De modo a assegurar a intersetorialidade, são instituídos comitês gestores, dos quais participam representantes das diversas secretarias que cooperam no desenvolvimento do programa.

5.3.3 O Cadastro Único

No Brasil, os gestores federais da política de assistência social têm também a incumbência de gerir o Cadastro Único dos Programas Sociais. O **Cadastro Único**, ou CadÚnico, é fundamental, como vimos anteriormente, para a inclusão da família no Programa Bolsa Família. Contudo, o cadastro não se restringe a esse programa. Dessa forma, a família pode estar contemplada na base de dados do Cadastro Único, mas não ser beneficiária do Programa Bolsa Família. Outros programas sociais federais também partem da obrigatoriedade do preenchimento desse cadastro, como o Programa Cisternas, compreendido no âmbito da segurança alimentar e nutricional (Baddini; Vianna, 2018; Chaves et al., 2018).

O Bolsa Família é o maior programa usuário do Cadastro Único, a ponto de as gestões de ambos serem alinhadas (Chaves et al., 2018). Porém, embora tenha sido criado inicialmente para atender àquele programa, o Cadastro Único ganhou relevância própria, por sua abrangência e por seu potencial de atualização de dados (Baddini; Vianna, 2018; Chaves et al., 2018).

> Inicialmente utilizado apenas para o Programa Bolsa Família, atualmente quase trinta programas o utilizam como fonte de informação para a focalização dos programas e seleção de famílias de acordo com os perfis definidos por cada programa usuário. Há programas em que o uso do Cadastro Único é obrigatório para a identificação e seleção dos beneficiários; para outros programas as famílias registradas no Cadastro Único são priorizadas, não sendo obrigatório estarem cadastradas para acessarem os programas. (Baddini; Viana, 2018, p. 60)

O público prioritário para o preenchimento do Cadastro Único são as famílias que têm renda mensal total de até três salários mínimos ou renda mensal *per capita* de até meio salário mínimo. É possível o cadastramento de famílias com renda superior em casos em que programas sociais são definidos para atender a demandas sociais cuja vulnerabilidade não está diretamente relacionada à renda (Brasil, 2017c, 2018c).

A base de dados do Cadastro Único permite aos gestores o conhecimento mais preciso da realidade das famílias de baixa renda de seu território de abrangência (Brasil, 2018e; Chaves et al., 2018).

> O Cadastro tem indicadores socioeconômicos importantes que permitem identificar situações de vulnerabilidade social para além do critério de renda. Isso possibilita aos gestores planejar políticas públicas a partir da identificação das demandas e necessidades, bem como selecionar famílias para serem integradas aos programas de acordo com o perfil. (Brasil, 2017c, p. 12)

Com os dados do Cadastro Único, o gestor municipal dispõe de maior clareza acerca das ações necessárias para o enfrentamento da pobreza e de outras vulnerabilidades sociais dentro dos limites de seu território. "Por meio de sua base de dados, é possível conhecer quem são, onde estão e quais são as principais características, necessidades e potencialidades da parcela mais pobre e vulnerável da população" (Brasil, 2017c, p. 13). Análises semelhantes podem ser feitas pelos governos estaduais e federais.

A Figura 5.1 apresenta os objetivos do Cadastro Único, segundo o Ministério do Desenvolvimento Social (Brasil, 2018e).

Figura 5.1 – Objetivos do Cadastro Único

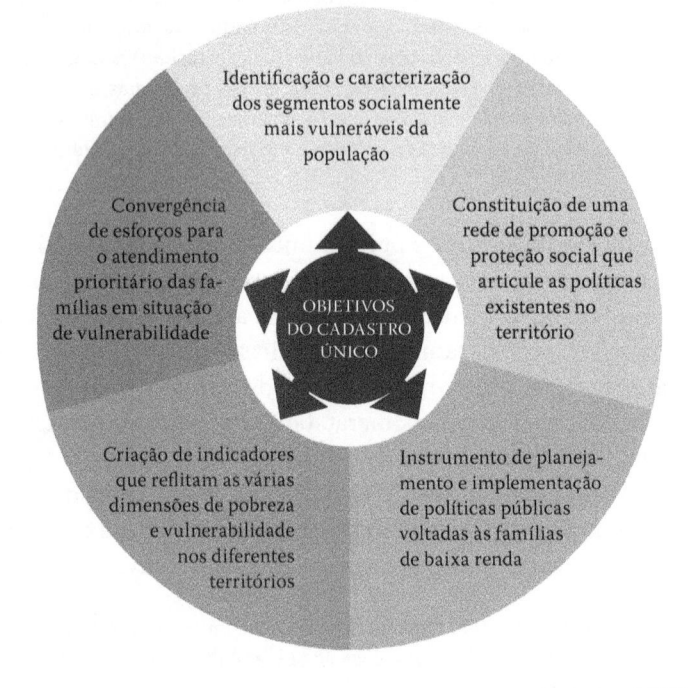

OBJETIVOS DO CADASTRO ÚNICO

- Identificação e caracterização dos segmentos socialmente mais vulneráveis da população
- Constituição de uma rede de promoção e proteção social que articule as políticas existentes no território
- Instrumento de planejamento e implementação de políticas públicas voltadas às famílias de baixa renda
- Criação de indicadores que reflitam as várias dimensões de pobreza e vulnerabilidade nos diferentes territórios
- Convergência de esforços para o atendimento prioritário das famílias em situação de vulnerabilidade

Fonte: Brasil, 2018e, p. 7.

No que se refere ao Programa Bolsa Família, o Cadastro Único subsidia todo o seu processo de gestão:

> O uso do Cadastro Único pelo Bolsa Família foi fundamental para a sua trajetória de consolidação, na medida em que o definiu como ferramenta não apenas de inclusão, mas de constante atualização e manutenção dos dados, para análise da habilitação, concessão e repercussão aos benefícios do PBF. (Chaves et al., 2018, p. 126)

As famílias são orientadas a manter seu cadastro atualizado, e a base de dados geradas por todos os registros é frequentemente reorganizada, de modo a excluir informações ultrapassadas e manter um espelho da realidade o mais fidedigno possível (Chaves et al., 2018). Além disso, como forma de incentivo à gestão municipal para o comprometimento com a atualização dos dados do Cadastro Único, foi estabelecido o Índice de Gestão Descentralizada (IGD)[7]. Quanto melhor for o IGD do município, maior será o repasse do governo federal para qualificar, ainda mais, suas ações (Baddini; Vianna, 2018; Brasil, 2006b; Maurício; Cardoso, 2018). A base de dados do Cadastro Único pode também ser analisada por pesquisadores, permitindo a construção do conhecimento científico de uma forma consistente e com dados bastante atualizados.

Chaves et al. (2018) identificam os componentes estruturantes do Cadastro Único, que envolve desde formulários padronizados, aplicados nos municípios, até a gestão de informações e de banco de dados integrados entre diferentes sistemas e setores, o que incorre na disponibilização de dados com ampla cobertura, legitimidade e atualização. Seguem, de acordo com a apresentação dos autores, os componentes estruturantes do Cadastro Único:

a) **formulários** de cadastramento padronizados (para a realização de entrevistas de inclusão e atualização cadastral);

b) **sistema** online e nacional para cadastramento, desenvolvido pela Caixa;

c) **gestão interfederativa**: o Cadastro Único está implementado em todos os municípios brasileiros e tem uma rede de atendimento de mais de 9.500 postos de cadastramento;

d) **rede de programas usuários** do Cadastro Único; e

---

7 Para saber mais sobre o IGD, recomendamos a leitura da Portaria n. 148, de 27 de abril de 2006 (Brasil, 2006b), do Ministério do Desenvolvimento Social. Esse índice é marcado entre os valores de 0 a 1 e compreende o desempenho do município no cadastramento e na atualização dos dados das famílias e também a atenção às exigências de gestão da política de assistência social, como normas e prazos (Brasil, 2006b; Baddini; Vianna, 2018).

e) **base de dados** extraída mensalmente do sistema do Cadastro Único que alimenta as informações e relatórios gerados pelo MDS e demais parceiros e programas usuários. (Chaves et al., 2018, p. 124-125, grifo do original)

O Cadastro Único compõe-se de dados do domicílio, do responsável familiar e de todos os integrantes da família e indica questões relacionadas a aspectos como renda, moradia, escolaridade, participação no mundo do trabalho, documentação e acesso às políticas básicas. Além disso, inclui características da família quando ela é pertencente a grupos específicos, como quilombolas, pescadores artesanais e indígenas (Brasil, 2018e).

Os dados do Cadastro Único também permitem ampliar as propostas intersetoriais com vistas ao enfrentamento da pobreza, contribuindo com as iniciativas que envolvem as políticas públicas de assistência social, saúde, educação, segurança alimentar e nutricional, trabalho, segurança e habitação, entre outras (Brasil, 2017c, p. 18).

5.3.4 Condicionalidades e intersetorialidade do Programa Bolsa Família

O Programa Bolsa Família é operacionalizado no âmbito da política pública de assistência social, porém se constitui em uma iniciativa intersetorial e intergovernamental que envolve diretamente as políticas de assistência social, saúde e educação, além dos serviços próprios da Caixa Econômica Federal. Pode contemplar também ações de outros setores que venham a cooperar com seus objetivos (Baddini; Vianna, 2018).

Por se tratar de um programa, o benefício financeiro é apenas um de seus componentes. Fazem parte dele ainda outros serviços e estratégias que visam à promoção da autonomia e à superação da necessidade do benefício (Brasil, 2018g).

Algumas das estratégias são as condicionalidades. Para que a família continue recebendo o benefício mensal, é necessário que cumpra ações de cuidado e de proteção para com suas crianças e seus adolescentes. São previstas condicionalidades em diversas áreas: na saúde, vacinação das crianças de até 7 anos, sempre em dia, e acompanhamento pré-natal das gestantes da família; na educação, matrícula e frequência escolar mínima de crianças e adolescentes, sendo de 85% para a faixa etária de 6 a 15 anos e de 75% para a faixa etária de 16 a 17 anos. O não cumprimento das condicionalidades implica suspensão e até cancelamento do benefício (Brasil, 2017c; Pronaf..., 2018).

A delimitação e a exigência de condicionalidades são pautadas por objetivos relativos à promoção dos direitos e da cidadania, como indica o art. 27 do Decreto n. 5.209, de 17 de setembro de 2004, que regulamenta a criação do Programa Bolsa Família:

> Art. 27. As condicionalidades do Programa Bolsa Família previstas no art. 3º da Lei no 10.836, de 2004, representam as contrapartidas que devem ser cumpridas pelas famílias para a manutenção dos benefícios e se destinam a:
>
> I – estimular as famílias beneficiárias a exercer seu direito de acesso às políticas públicas de saúde, educação e assistência social, promovendo a melhoria das condições de vida da população; e
>
> II – identificar as vulnerabilidades sociais que afetam ou impedem o acesso das famílias beneficiárias aos serviços públicos a que têm direito, por meio do monitoramento de seu cumprimento. (Brasil, 2004a)

Para que o cumprimento das condicionalidades possa se efetivar pelas famílias e seja garantido o acompanhamento pelo poder público, foi demandada ao Programa Bolsa Família a criação de uma rede intersetorial de gestão, que é operacionalizada com representantes das políticas de assistência social, educação e saúde, em todas as esferas de governo. Compreende processos de atualização de informações, desde as bases (Cras, escolas e unidades de saúde) até a gestão integrada de abrangência nacional (Baddini; Vianna, 2018). "Esse tipo de rede intersetorial estabelecida ao redor do acompanhamento de condicionalidades do Programa Bolsa Família foi um embrião para o aprofundamento na coordenação de estados e municípios em outras áreas que envolvem ações integradas direcionadas à população vulnerável" (Baddini; Vianna, 2018, p. 69).

A determinação das condicionalidades tem em vista a promoção de melhorias na qualidade de vida dos membros das famílias, principalmente das crianças e dos adolescentes. Ela visa a mudanças na situação da família em longo prazo, na busca por interromper o ciclo de reprodução da pobreza (Brasil, 2018f).

> O acesso aos serviços de saúde e educação é um direito básico e condição fundamental para o rompimento do ciclo intergeracional da pobreza. Isso significa lutar contra os fatores que promovem a manutenção da situação de pobreza de uma geração a outra.
>
> Sendo assim, crianças que cumprem as condicionalidades do PBF, ao ter acesso aos serviços de saúde e educação, poderão ter melhores condições de vida que seus responsáveis.
>
> Além disso, a partir do acompanhamento das condicionalidades, o poder público é capaz de estabelecer outros programas nas áreas de saúde e educação para crianças e adolescentes mais vulneráveis, contribuindo para a superação do ciclo de pobreza. (Brasil, 2018f, p. 10)

O acompanhamento das condicionalidades permite identificar a adesão das famílias. Podemos exemplificar isso com dados de julho de 2018, quando 89,1% de crianças e adolescentes em idade escolar, vinculadas ao Programa Bolsa Família, tiveram suas frequências acompanhadas. Dentre eles, 94,9% atenderam à frequência escolar mínima. No que se refere às condicionalidades de saúde, para o mesmo período, 98,8% das crianças tiveram seu calendário vacinal respeitado e 99,5% das gestantes cumpriram a agenda do pré-natal (Viana; Cireno, 2018).

Para além da adesão das famílias, o impacto das condicionalidades sobre o acesso aos serviços de educação e saúde se dá também na medida em que o governo precisa cumprir sua responsabilidade de ofertá-los. Assim, é evidenciado o dever do poder público de garantir acesso gratuito à escola e aos atendimentos de saúde, exigindo-se respostas de ampliação da cobertura. Por esse ângulo, o Programa Bolsa Família impacta não apenas a vida e as condições de cidadania de seus beneficiários, mas também todas as comunidades nas quais ele está presente (Neri; Osorio, 2018).

No entanto, as mesmas condicionalidades podem ser criticadas por sua característica de impor determinados comportamentos àqueles que recebem um benefício que de fato é seu direito, observando-se pela lógica do direito à renda. Carnelossi (2016) apresenta uma revisão bibliográfica com levantamento de autores e de estudos que elaboram críticas às condicionalidades. Esse posicionamento ocorre por diferentes motivos: a redundância, quando já é dever dos pais/responsáveis zelar pela saúde e pela educação das crianças; a atribuição de responsabilidade de superação da pobreza estrutural aos próprios sujeitos que sofrem suas consequências; a precariedade das próprias redes de educação e saúde, quando ofertam serviços que estão vinculados às condicionalidades (Carnelossi, 2016).

Desse modo, é necessário compreender que a dimensão das condicionalidades no Programa Bolsa Família é permeada de contradições, assim como o próprio programa e as políticas públicas que o compõem. Sempre é importante observar o movimento que envolve as políticas públicas dentro de uma conjuntura maior na sociedade, em que existem diferentes projetos em disputa. Assim, um mesmo programa apresenta, por um lado, faces que potencializam a autonomia e a cidadania do usuário e, por outro, faces que explicitam a desigualdade de oportunidades e a culpabilização do indivíduo (Boneti, 2011; Boschetti et al., 2009).

No que tange aos atendimentos realizados por profissionais do serviço social e de outras áreas das equipes que acompanham os beneficiários do Programa Bolsa Família, há de se considerar ainda as subjetividades que envolvem o (des)cumprimento de sua condicionalidades. Embora exista rigor nos critérios de ingresso e permanência no programa, há uma dimensão de acompanhamento familiar que se estabelece principalmente nos atendimentos realizados nos Cras. Nessas unidades, a realidade se manifesta em suas mais diversas expressões. Dessa forma, é possibilitada a percepção de que nem sempre o não cumprimento de condicionalidades está relacionado a uma opção deliberada de um ou mais integrantes do grupo familiar.

Por muitas vezes, a vulnerabilidade da família é tão grande que as práticas consideradas mais simples podem se tornar bastante complexas. Temos, assim, os seguintes exemplos: famílias isoladas geograficamente e dependentes de transporte público gratuito (nem sempre suficiente) para acessar os serviços básicos de educação e de saúde; famílias com grande número de pessoas que demandam cuidado, como crianças, pessoas idosas e pessoas com deficiência; e famílias cujos membros sofrem com transtornos mentais.

Assim, a realidade dos usuários revela singularidades que os limites impostos pelos critérios do programa não são capazes de prever. Nesses casos, faz-se necessária, na maioria das vezes, a inserção da família em outras iniciativas que lhe permitam enfrentar as condições que agravam sua vulnerabilidade, de maneira a evitar que ela seja excluída de forma ainda mais grave do acesso às políticas públicas que lhe são de direito.

Mais uma vez, o Programa Bolsa Família se reafirma como ação eminentemente intersetorial, com relação direta com as políticas de assistência social, saúde e educação e indireta com todo o conjunto de benefícios e serviços das mais diversas políticas públicas vigentes no país.

5.3.5 Resultados e impactos do Programa Bolsa Família

Em seus mais de 15 anos de existência, o Programa Bolsa Família acumula uma série de resultados que vêm sendo analisados e debatidos por distintas equipes de pesquisa. Em nossa obra, apresentaremos uma síntese de alguns dos estudos que sustentaram teoricamente nossa abordagem, sem, contudo, intencionar expor todos os resultados e impactos já mensurados e as discussões que os envolvem.

Uma importante consequência do programa foi a redução da taxa de pobreza no Brasil. Segundo dados apresentados por Souza et al. (2018), entre 2004 e 2017, a pobreza extrema diminuiu cerca de 1,3 ponto percentual por ano. Conforme exposto pelos autores, "em 2017, mais de 3,4 milhões de pessoas deixaram de viver em pobreza extrema por causa do PBF, e 3,2 milhões foram elevadas acima da linha de pobreza" (Souza et al., 2018, p. 167).

Entretanto, a redução ou mesmo a erradicação da pobreza não pode ser atribuída a um único programa ou iniciativa pública, pois é resultado de um conjunto de ações. Elementos como a dinamicidade na renda da população pobre interferem nos dados, pois há grande variação nos rendimentos desse grupo, oscilando sua caracterização ou não dentro dos quadrantes que compreendem as faixas de renda caracterizadas como *pobreza* ou *extrema pobreza*. Ou seja, uma família pode ter um incremento de renda decorrente de um trabalho de curto prazo, o que acarreta a saída da linha da pobreza, mas, após alguns meses, ao se encerrar essa atividade remunerada, caem os rendimentos e a família volta à situação anterior (Souza et al., 2018).

Outro resultado significativo é a promoção da emancipação e do empoderamento das mulheres. Como mencionamos anteriormente, uma das principais características da operacionalização do Programa Bolsa Família é a regra de que, preferencialmente, a titularidade do cartão bancário que dá acesso ao benefício seja fixada em nome da mulher. Essa prática desencadeou um maior empoderamento da mulher nas relações familiares e sociais, bem como ampliou o acesso às políticas básicas, como as de saúde e de educação (Bartholo; Passos; Fontoura, 2018; Brasil, 2018f; Ibase, 2008; Resende, 2018).

A decisão de priorizar as mulheres como responsáveis familiares não é tomada de forma aleatória, mas considera a prática já identificada de que os recursos destinados às mulheres tendem a ser mais bem investidos no conjunto das necessidades familiares (Ibase, 2008). Outro elemento está relacionado à incidência de famílias monoparentais femininas no Brasil e no perfil de usuários do Programa Bolsa Família, conforme pode ser visualizado no Gráfico 5.1.

Gráfico 5.1 – Distribuição percentual das famílias do Programa Bolsa Família por composição familiar, em agosto de 2018

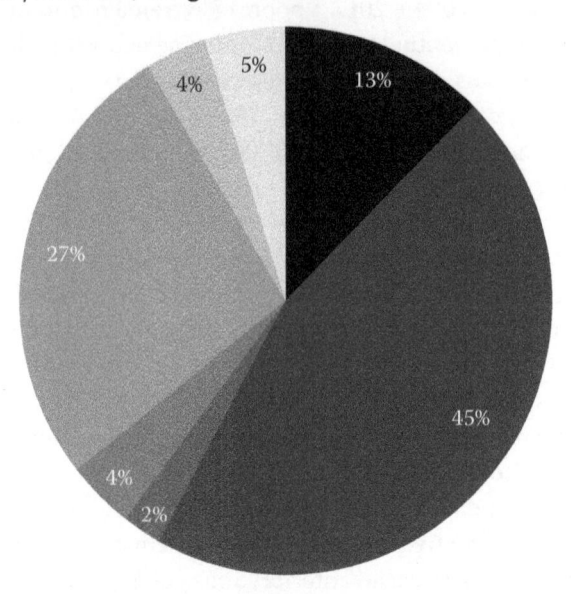

- Família unipessoal
- Monoparental feminina
- Monoparental masculino
- Casal sem filhos
- Casal com filhos
- Monoparental feminina e outros parentes
- Outros

Fonte: Chaves et al., 2018, p. 140.

Para além dos resultados de uma política redistributiva, quando se faz a opção por legitimar as mulheres como responsáveis familiares, são alavancadas conquistas no campo das ações afirmativas, permitindo a esse grupo, historicamente excluído e violado em seus direitos, um reconhecimento e vias concretas de acesso e inclusão (Bartholo; Passos; Fontoura, 2018; Ibase, 2008).

Outro aspecto significativo relacionado às estratégias de operacionalização do Programa Bolsa Família é a promoção da inclusão bancária. A transferência do benefício via conta bancária, que é acessada para saque por cartão magnético, representa um primeiro passo no processo de inclusão a uma nova gama de serviços. O beneficiário do programa pode optar por converter a conta em que recebe o benefício em uma conta-corrente simples e contar com serviços de crédito e transações bancárias, como uma forma de estimular sua autonomia financeira (Neri, 2014, 2018).

As contas bancárias convencionais exigem recursos mínimos para sua abertura e manutenção e, portanto, parte da população brasileira ficava excluída dessa prática. Já no contexto do programa, a transferência direta de recursos ao beneficiário, mediada por conta nominal e cartão magnético, implica a inclusão bancária imediata. Dessa forma, há um avanço no campo da inclusão social, em que cidadãos passam a ocupar lugares e serviços que não lhes eram permitidos, dada sua realidade material.

Iniciativas vinculadas ao Programa Bolsa Família visam à promoção de microcréditos para pequenos negócios locais, como o caso dos microempreendedores individuais (MEI) e de ações de educação financeira, com o intuito de alavancar a superação da pobreza e da miséria. Com isso, pretende-se que os beneficiários da transferência de renda não se limitem a ser consumidores, mas se tornem também empreendedores econômicos (Neri, 2014, 2018; Cohn, 2013).

A transferência de renda, com cobertura em todo o território nacional, impacta igualmente as economias locais, ampliando as possibilidades de sucesso econômico para comerciantes e prestadores de serviços locais. Segundo Cecchini (2013), as transferências de renda constantes ao longo do tempo geram um ciclo virtuoso, conforme podemos visualizar na Figura 5.2.

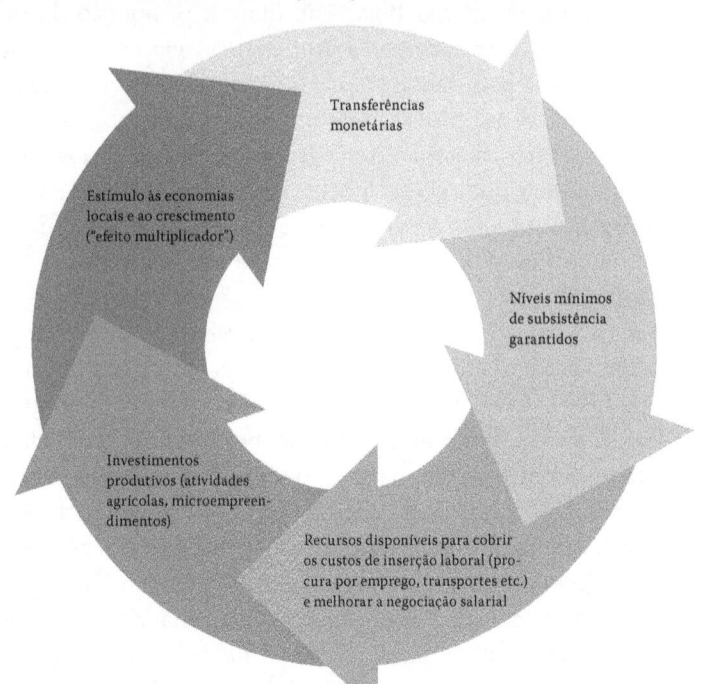

Figura 5.2 – O círculo virtuoso da proteção social não contributiva

- Transferências monetárias
- Níveis mínimos de subsistência garantidos
- Recursos disponíveis para cobrir os custos de inserção laboral (procura por emprego, transportes etc.) e melhorar a negociação salarial
- Investimentos produtivos (atividades agrícolas, microempreendimentos)
- Estímulo às economias locais e ao crescimento ("efeito multiplicador")

Fonte: Cecchini, 2013, p. 388.

Magalhães Junior, Jaime e Lima (2013, p. 103), ao tratarem dos resultados do Programa Bolsa Família no campo da saúde, fazem uma retomada geral dos avanços dessa ação:

> São vastamente conhecidos os impactos do PBF na redução da pobreza e na diminuição da desigualdade de renda. E, nos últimos tempos, na dinamização da economia nacional pela criação de um grande mercado consumidor interno. Mais recentemente, vêm surgindo estudos e pesquisas de avaliação do impacto do programa em condições de vida e saúde das famílias beneficiárias. Destaque merece ser dado à contribuição do programa de transferência de renda na redução da desnutrição, mortalidade infantil e baixo peso ao nascer – temas importantes em termos de saúde pública no país.

Pesquisas sobre efeitos e impactos do programa evidenciam resultados referentes à ampliação do acesso das famílias pobres aos serviços básicos de saúde, educação e assistência social, bem como a maiores condições de qualificação para o trabalho e novas oportunidades de geração de renda (Campello; Falcão; Costa, 2014; Campello; Neri, 2013; Silva, 2018).

Destaca-se, também, a influência do programa em melhorias nas condições nutricionais das crianças e de suas famílias, bem como na promoção de maior efetividade dos princípios da segurança alimentar e nutricional. "Superando ações descontinuadas e parciais, como a distribuição de cestas básicas, o programa integrou-se ao esforço de construção de uma política de segurança alimentar e nutricional, tendo proporcionado melhora efetiva no acesso dos segmentos mais vulneráveis aos alimentos" (Campello, 2013, p. 17).

Esses são apenas alguns exemplos do alcance e dos resultados do Programa Bolsa Família. Ao pesquisar sobre o tema no portal do ministério que faz a gestão do programa ou em plataformas que concentram pesquisas científicas, é possível conhecer outras análises e informações. A opção pela apresentação, nesta obra, de uma síntese de resultados positivos do programa não encerra a pretensão de omitir a existência de limites ou mesmo de falhas. Nossa intenção, entretanto, é desmistificar preconceitos que ainda envolvem os programas de transferência de renda – mais especificamente, o Programa Bolsa Família – e que tendem a reproduzir a naturalização e a criminalização da pobreza. Reforçamos, por fim, que todo programa, assim como toda política pública, é dinâmico e permeado de contradições, que devem ser acompanhadas de forma política e crítica.

Síntese

Neste capítulo, discutimos as iniciativas de transferência de renda, observando que elas se localizam no âmbito das políticas sociais, em uma sociedade capitalista.

Nesse sentido, analisamos a principal experiência de transferência de renda no Brasil, o Programa Bolsa Família. Assim, identificamos aspectos do programa que extrapolam o repasse monetário e geram oportunidades de inclusão, empoderamento e autonomia.

Examinamos características relacionadas ao funcionamento do Programa Bolsa Família, entre as quais destacamos as condicionalidades desse benefício. Dessa forma, pudemos refletir sobre as possibilidades e os limites do programa.

Questões para revisão

1. O Programa Bolsa Família é complexo e vai além do simples repasse de benefícios monetários, pois visa à emancipação das famílias e ao rompimento dos ciclos de reprodução da pobreza. Para tanto, ele se organiza em três dimensões. Com relação a essas dimensões, analise os itens a seguir.
    I) Promoção do alívio imediato da pobreza, por meio da transferência direta de renda à família.
    II) Reforço ao exercício de direitos sociais básicos nas áreas da saúde e da educação, por meio do cumprimento das condicionalidades, o que contribui para que as famílias consigam romper o ciclo da pobreza entre gerações e possibilita ao poder público identificar situações de risco social às quais as famílias eventualmente estejam expostas.
    III) Integração com outras ações de governo, os chamados *programas complementares*, que têm por objetivo o desenvolvimento de capacidades das famílias, de modo que os beneficiários do Programa Bolsa Família consigam superar a situação de vulnerabilidade e pobreza.
    IV) Controle social dos usuários para evitar o mau uso dos recursos públicos destinados pelo programa às famílias.

Assinale a alternativa que apresenta os itens referentes às dimensões do Programa Bolsa Família:

a) Itens I, II e III.
b) Itens I, II e IV.
c) Itens I, III e IV.
d) Itens II, III e IV.
e) Apenas itens II e III.

2. Assinale a alternativa que apresenta as condicionalidades na área da saúde e da educação do Programa Bolsa Família:

a) Vacinação das crianças de até 7 anos e frequência escolar mínima de 50% das crianças e dos adolescentes de 6 a 15 anos.
b) Pré-natal das gestantes da família e frequência escolar mínima de 50% das crianças e dos adolescentes de 6 a 15 anos.
c) Vacinação das crianças de até 7 anos e frequência escolar mínima de 75% das crianças e dos adolescentes de 6 a 15 anos.
d) Pré-natal das gestantes da família e frequência escolar mínima de 75% das crianças e dos adolescentes de 6 a 15 anos.
e) Vacinação das crianças de até 7 anos e frequência escolar mínima de 85% das crianças e dos adolescentes de 6 a 15 anos.

3. O Cadastro Único é uma ferramenta fundamental para a operacionalização do Programa Bolsa Família, bem como de outros benefícios sociais, abrangendo dados de todos os membros da família. Assinale a alternativa que apresenta uma das funcionalidades do Cadastro Único para qualificar a gestão dos programas e das políticas sociais:

a) Garantir que todos os cadastrados sejam incluídos no Programa Bolsa Família e desfrutem de seus benefícios.
b) Detalhar, no cadastro, os dados acerca das condições de saúde e de acompanhamento pelo Sistema Único de Saúde (SUS) de todos os familiares.

c) Apresentar dados atualizados que podem compor estatísticas acerca das principais demandas sociais por território e orientar o planejamento de políticas públicas.
d) Efetuar atualização decenal com base em dados do censo realizado pelo Instituto Brasileiro de Geografia e Estatística (IBGE), com atualizações parciais realizadas pela Pesquisa Nacional por Amostra de Domicílios (Pnad).
e) Disponibilizar a totalidade das informações para pesquisas públicas, tornando o programa transparente e impedindo a corrupção.

4. As ações de transferência de renda no Brasil estão configuradas no campo das políticas sociais. Essas e outras atuações expressam uma característica da intervenção do Estado para a manutenção do capitalismo, desde sua fase denominada *capitalismo monopolista*. Explique como a intervenção do governo em políticas sociais contribui para a manutenção do sistema capitalista.

5. O Programa Bolsa Família é uma importante expressão brasileira de transferência de renda. Esse programa atende à efetividade da proposta da Renda Básica de Cidadania, conforme previsto na Lei n. 10.835, de 8 de janeiro de 2004 (Brasil, 2004b)? Justifique sua resposta.

Questões para reflexão

1. Elabore uma análise dos pontos fortes e fracos que você identifica no Programa Bolsa Família e relacione-os à realidade de seu município. Proponha estratégias de melhoria para o programa.

2. Um dos aspectos polêmicos do Programa Bolsa Família é a aplicação das condicionalidades para a permanência em sua lista de beneficiários. Qual é sua opinião sobre o assunto?

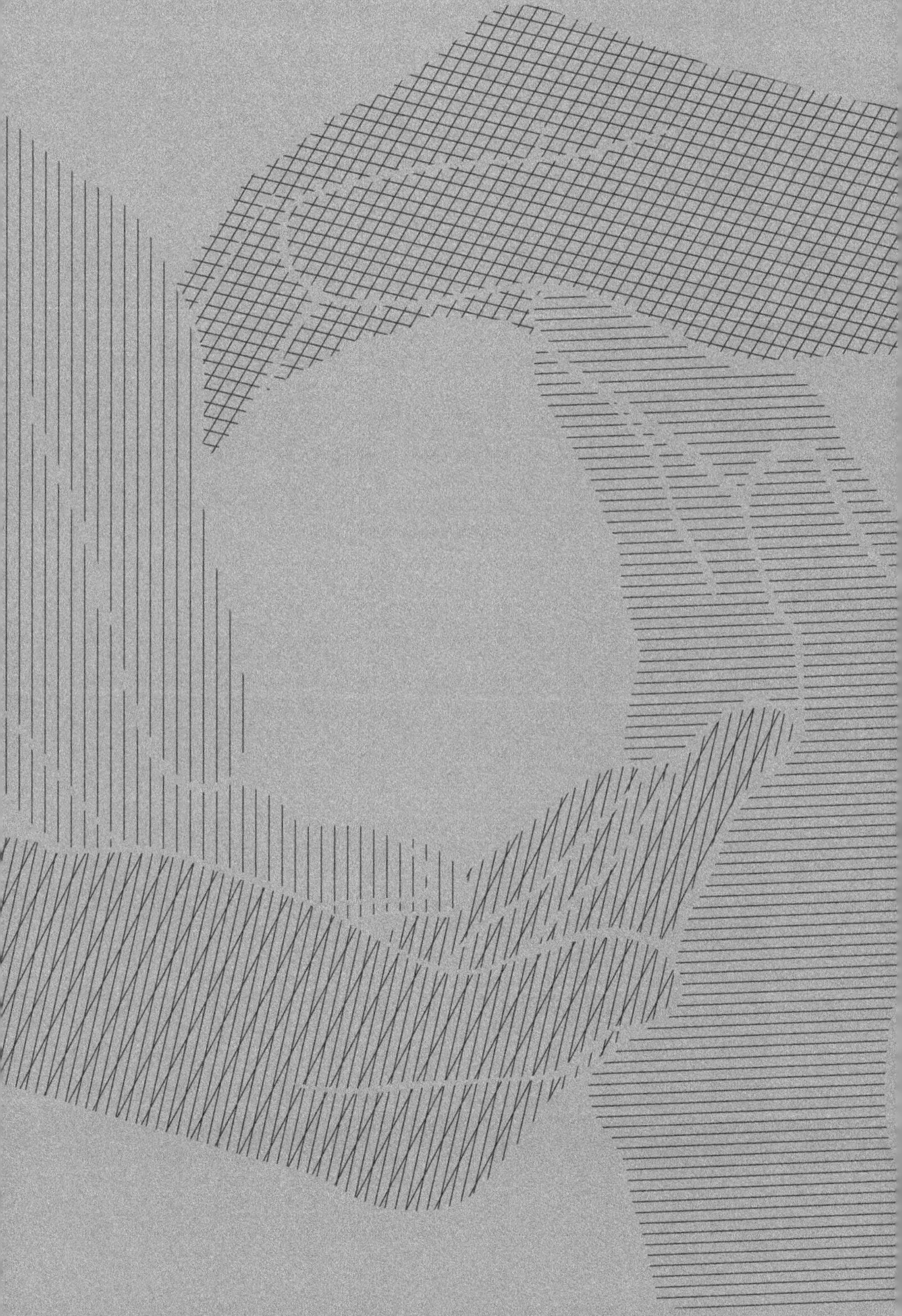

CAPÍTULO 6

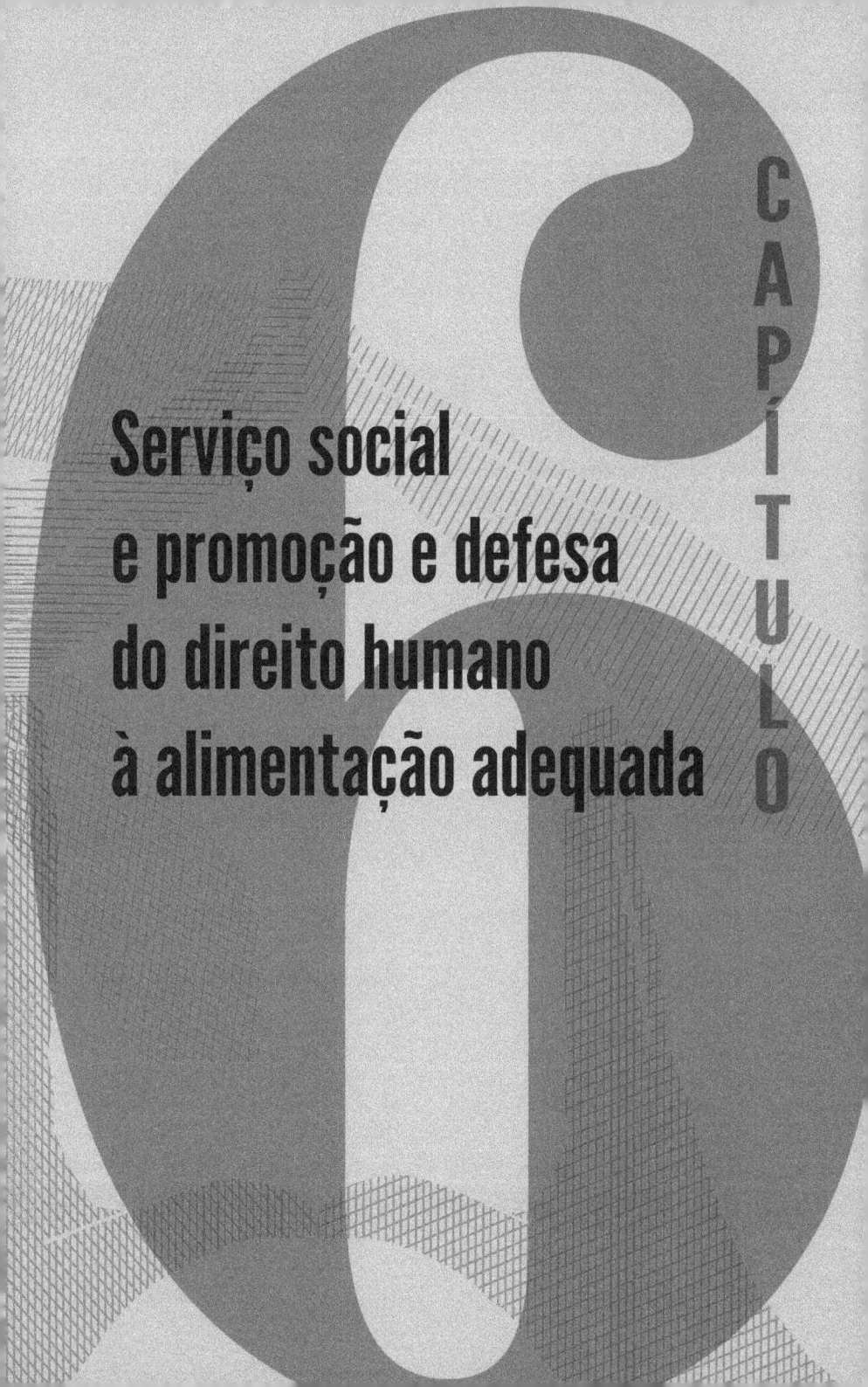

Serviço social e promoção e defesa do direito humano à alimentação adequada

Conteúdos do capítulo:

- Interpretação conjuntural da pobreza e da fome no âmbito do serviço social.
- Promoção da autonomia do usuário no trabalho do assistente social.
- Educação popular como alternativa metodológica para a emancipação e a promoção da autonomia.

Após o estudo deste capítulo, você será capaz de:

1. compreender a relação da intervenção profissional do assistente social com a promoção e a defesa do direito humano à alimentação adequada;
2. identificar os desafios inerentes à prática profissional, na perspectiva da promoção da autonomia, da emancipação e da participação;
3. indicar alternativas no campo das metodologias de trabalho a serem adotadas para a promoção dos direitos de cidadania e dos princípios que orientam o código de ética da profissão de assistente social.

Para iniciarmos este capítulo, apresentamos um relato¹ para reflexão.

Exemplo prático

O que é uma assistente social

Era mais uma tarde de trabalho em um Centro de Referência de Assistência Social (Cras). Uma das atividades programadas para o período era realizar um conjunto de visitas domiciliares. Uma delas era para uma família que vinha sendo acompanhada por uma colega de outro território e que estava de férias. Chegamos à casa da família, batemos palmas e fomos recebidos por um lindo garotinho que parecia ter quatro ou cinco anos.

Pedi para aquele menininho chamar sua mãe e avisá-la de que quem estava no portão era a assistente social. Ele continuou me olhando e, em meio à conversa singela com aquela criança, durante um dia agitado de atendimentos sociais, eu lhe perguntei:

— Você sabe o que é uma assistente social?

Ele abriu um sorriso, assinalou que sim com a cabeça e respondeu rapidamente, em uma palavra só:

— Básica!

Em seguida, o garoto saiu correndo, chamou sua mãe e demos sequência ao atendimento domiciliar. Depois de terminar a visita e retornar ao Cras, a experiência daquele diálogo foi compartilhada com os demais assistentes sociais da equipe, instigando a reflexão e o debate sobre os possíveis significados da resposta do menino.

---

1 Trata-se de uma história vivenciada pela autora quando trabalhava como assistente social da equipe técnica de um Centro de Referência de Assistência Social (Cras), unidade de atendimento da política pública de assistência social.

Conforme você pode imaginar, ao identificar uma assistente social com a palavra *básica*, a criança estava se referindo à "cesta básica". Sem prosseguir com juízos de valor sobre os atendimentos prestados até então àquela família, convém apontar para uma reflexão acerca da identidade profissional que, por vezes, vê-se representada em um conjunto de ações pontuais, entre as quais está a liberação de cestas básicas.

Assim como na história relatada, muitas vezes os usuários, ou outros atores da sociedade, fazem uma relação equivocada da profissão de assistente social com práticas de caráter focalizado e assistencialista. Contudo, o que evidenciaremos neste capítulo é que a qualidade da ação técnica do serviço social é garantida com base em uma lógica de compreensão da realidade social e de construção de uma instrumentalidade capaz de superar o assistencialismo e os imediatismos.

6.1 Identidade e trabalho do assistente social

Quando pensamos na contribuição do assistente social para a superação da fome e da miséria, a promoção da segurança alimentar e nutricional e a defesa do direito humano à alimentação adequada, é seguro dizer que há muito mais ações e intervenções possíveis do que a mera dispensação de benefícios, ainda que estes possam fazer parte dos recursos do profissional e componham seu processo de trabalho.

A prática do assistente social não pode ser atrelada apenas a seus instrumentos de trabalho, pois compreende um fazer profissional, com intencionalidade. Assim, cabe fazer referência aos conceitos e às construções teóricas acerca da instrumentalidade do serviço social, a qual permite modificar o cotidiano e ultrapassa o conjunto de ferramentas, processos e recursos, como evidencia o texto de Guerra (2000, p. 1-2, grifo do original):

> podemos afirmar que a instrumentalidade no exercício profissional refere-se, não ao conjunto de instrumentos e técnicas (neste caso à instrumentação técnica), mas **a uma determinada capacidade ou propriedade constitutiva da profissão**, construída e reconstruída no processo sócio-histórico. [...]
>
> a instrumentalidade é uma propriedade e/ou capacidade que a profissão vai adquirindo na medida que concretiza objetivos. Ela possibilita que os profissionais objetivem sua intencionalidade em respostas profissionais. É por meio desta capacidade, adquirida no exercício profissional, que os assistentes sociais modificam, transformam, alteram as condições objetivas e subjetivas e as relações interpessoais e sociais existentes num determinado nível da realidade social: no nível do cotidiano.

Partimos, então, da premissa de que o assistente social, ao atuar no campo da segurança alimentar e nutricional (assim como nos demais), pode intervir realizando alterações na realidade, capazes de constituir novas práticas, novos direitos e novas relações sociais. Essa instrumentalidade não equivale a uma representação estática de como o profissional deve proceder, mas compreende o conhecimento e a análise do real e a intervenção adequada a cada contexto. Ela é materializada nas três dimensões constitutivas do serviço social: (1) a técnico-instrumental (também chamada de *técnico-operativa*); (2) a teórico-intelectual (também conhecida como *teórico-metodológica*); e (3) a ético-política (Battini, 2014b; Guerra, 2000).

Essas três dimensões se manifestam na profissão de forma articulada, e toda prática deve contemplar a relação entre seus elementos. Ou seja, trata-se da superação da dicotomia entre teoria e prática e da compreensão de que a prática interfere na construção da teoria e vice-versa. Assim, o trabalho do assistente social está permeado de teoria, metodologia, técnica, processos, ética e posicionamento político, e esses elementos não estão reduzidos à ação profissional individual, mas correspondem a toda a construção sócio-histórica da profissão, que já demonstrou força na mudança da realidade, posicionando-se em defesa da universalidade dos direitos e da implementação de políticas públicas de qualidade (Battini, 2014b; Guerra, 2000). Exemplo disso é a importante participação do serviço social na luta e na conquista da assistência social como política pública de direito do cidadão e dever do Estado (Battini, 2014b).

Assim, salientamos que a contribuição, seja do profissional individualmente, seja da categoria, não está reduzida aos benefícios com os quais opera e não pode ser identificada de forma rasa com eles. Não se trata de rejeitar ou menosprezar o atendimento direto aos usuários e a dispensação de recursos como cestas básicas, roupas, vales-transportes ou outros que aqueles demandam, mas de declarar a amplitude e a complexidade da intervenção do serviço social na defesa de direitos e na transformação da realidade que envolve os usuários dos serviços (Battini, 2014b; Iamamoto, 2013).

Para apreender com maior clareza as faces da contribuição do serviço social na sociedade brasileira, é importante lembrar que, ao longo das décadas de 1960 e 1980, a profissão passou por uma significativa revisão de suas opções teóricas e políticas. A partir de meados da década de 1980, a categoria passou a adotar, de forma hegemônica, uma perspectiva teórico-crítica na análise e na explicação da realidade na qual intervém, bem como de sua participação nesses cenários (Netto, 2015). As novas concepções teóricas, éticas e políticas, presentes a partir da aprovação do Código de Ética Profissional do Assistente Social em 1986[2], deslocaram a análise da realidade de uma perspectiva individual, que se centra no usuário, para uma ótica estrutural, que abrange a sociedade, sua historicidade e suas relações (Bonetti et al., 2012). Dessa forma, a contribuição do serviço social ocorre à medida que se compreende a dinâmica causadora da fome e da pobreza, com uma intervenção que se dá de maneira técnica,

---

2   Vale destacar que houve a aprovação de um novo código de ética no ano de 1993. Contudo, foi o código de 1986 o primeiro a incorporar princípios pautados na teoria crítica.

ética e política, gerando respostas capazes de transformar a realidade (Bonetti et al., 2012; Guerra, 2000; Iamamoto, 2013).

Desse modo, quando um usuário busca o atendimento do serviço social para uma das mazelas relacionadas à pobreza ou à desigualdade, sua história deve ser devidamente escutada e respeitada. Cabe, antes, a problematização da realidade que ele vivencia como expressão de uma sociedade permeada de contradições, na qual ele também é sujeito, mas nem sempre é protagonista. É importante desvelar a realidade que envolve a situação posta pelo usuário e ir além da imediaticidade (Guerra, 2014; Sales, 2012).

Sobre isso, Guerra (2014, p. 81) esclarece: "A demanda imediata do usuário, apesar de ser a problemática inicial que o mobilizou, nem sempre é sua demanda real; na maioria das vezes, é o veículo (ou o meio mediador) que porta a capacidade de conduzir o assistente social na busca da demanda real da essência". A autora conclui que "A demanda imediata, ao mesmo tempo, manifesta e esconde a demanda real" (Guerra, 2014, p. 81).

Podemos, então, compreender que o atendimento do serviço social não se limita a ouvir a necessidade exposta pelo usuário e atender a sua solicitação, mas implica a capacidade de dar respostas mais abrangentes, fundamentadas em uma análise crítica da situação apresentada, que supere os limites do imediato. E essas respostas não se restringem às intervenções diretas na situação do usuário, pois envolvem a participação política do profissional em temas relacionados às demandas a que atende no cotidiano, bem como sua contribuição em processos de planejamento e de gestão capazes de alterar a realidade (Guerra, 2000; Sales, 2012).

Guerra (2014) aponta ainda para as exigências postas pelas instituições para que o trabalho do assistente social apresente resolutividade pautada em parâmetros imediatos. Certamente, é importante que haja compromisso com a qualidade e a efetividade de suas ações profissionais. No entanto, a medida que parametriza a qualidade e a efetividade no serviço social contraria as expectativas institucionais e nem sempre está relacionada à quantidade de atendimentos, de benefícios dispensados e de demandas "urgentes" respondidas. A exigência institucional é contraditória à real necessidade do usuário e à perspectiva de que ele se emancipe (Guerra, 2014).

Exemplificando

Vejamos o caso de usuários que procuram frequentemente o atendimento do serviço social em um Cras para receberem cestas básicas.

O assistente social observa que há um grande número de usuários da região em que atua que têm a mesma demanda e que a solicitação é recorrente, pois as mesmas famílias buscam o recurso com periodicidade mensal ou bimestral.

Em uma perspectiva de atendimento imediato, pode-se concentrar a atenção na necessidade e buscar ampliar a quantidade de cestas básicas. Em uma lógica conservadora, pode-se "devolver" a responsabilidade para o usuário, negando-lhe o atendimento com o recurso solicitado e justificando que sua situação corresponde ao resultado de suas escolhas. Em atendimento aos possíveis parâmetros institucionais, pode-se adotar uma postura de controle dos usuários, com fiscalização para averiguar suas reais necessidades ou seus "merecimentos".

Contudo, nenhuma das práticas citadas está alinhada à atual proposta teórica e ético-política hegemônica na profissão do serviço social. O que se espera é que o olhar do assistente social compreenda o que, na categoria, convencionou-se chamar de *atitude investigativa* (Battini, 2014a) e que ele seja capaz de realizar uma análise de conjuntura acerca da situação posta.

Algumas questões possíveis nesse contexto seriam: O que essa demanda revela? E o que ela esconde? Quais estruturas mantêm as famílias nessa condição? Existe uma rede efetiva de políticas que atendam à segurança alimentar e nutricional das famílias? Existem políticas públicas que fomentem possibilidades de acesso à renda pelas famílias envolvidas? Quais são as conjunturas política e econômica que impactam a vida dessas famílias nesse território?

Com base nessas e em tantas outras perguntas que podem ser feitas para problematizar a realidade, poderiam ser desenvolvidas ações profissionais como: trabalho socioeducativo com as famílias, na perspectiva da promoção da cidadania (e não do ajuste ao sistema vigente); reconhecimento de lacunas no acesso às políticas públicas por esses sujeitos e participação ativa dentro dos espaços técnicos e políticos que ocupam, para que tais acessos sejam resgatados/promovidos; desenvolvimento de práticas com fundamentação teórico-metodológica, ético-política e técnico-operativa capazes de fomentar o protagonismo político desses usuários.

Há ainda uma série de outras possibilidades que podem ser construídas com base no aprofundamento da compreensão dessa realidade, de suas contradições e das relações sociais que a envolvem.

―――

Diante desse exemplo, que não encerra as mais diversas complexidades que se apresentam à intervenção do serviço social, gostaríamos de destacar que o compromisso da categoria é com o usuário e que, para isso, o profissional deve atuar para além das demandas institucionais. Está presente em cada atendimento cotidiano o risco de replicar práticas conservadoras, marginalizantes e voltadas ao objetivo de ajustar os usuários a uma sociedade marcada por interesses que os desrespeitam (Guerra, 2014). Ressaltamos, nesse sentido, mais uma vez a fala de Guerra (2014, p. 83): "Ora, se não se questiona o sistema e a estrutura da sociedade capitalista, as únicas respostas possíveis estão direcionadas ao ajuste dos sujeitos, sua adaptação e/ou suposta ressocialização".

Em uma perspectiva crítica, vale evidenciar, as respostas nunca estão prontas e acabadas. Não há um modelo correto e único a ser adotado. Embora existam vários exemplos de atitudes profissionais adequadas ao projeto ético-político da categoria, eles não determinam, de forma definitiva, o fazer do assistente social. A ética estabelecida em seu processo de trabalho e em suas relações com os usuários implica diferentes desdobramentos de práticas, tanto do profissional quanto daqueles que são atingidos por sua ação. Na exposição de Sales (2012, p. 136), é possível compreender essa relação de infindáveis possibilidades que partem do olhar ético sobre cada realidade: "A ética ultrapassa, desse modo, o imediato, o conjuntural e o passageiro; chega a oferecer pistas e apontar o leque de possibilidades que se coloca nas situações, todavia nunca oferece certezas, soluções práticas para cada situação".

Damos destaque a essas reflexões acerca da abordagem do serviço social porque pretendemos correlacionar seu trabalho com as possibilidades de contribuição com a segurança alimentar e nutricional e com o direito humano à alimentação adequada. Logo, percebemos que uma visão e uma intenção imediatistas do profissional não colaboram para a afirmação da lógica de defesa de direitos, e sim reforçam o assistencialismo e a própria dinâmica excludente que prevalece na sociedade capitalista (Guerra, 2014; Iamamoto, 2013).

Ainda sobre o trabalho do assistente social, chamamos a atenção para duas formas de atitude que representam riscos à qualidade da intervenção profissional: (1) o messianismo e (2) o fatalismo. São percepções opostas, mas que igualmente limitam a atuação do profissional no cotidiano. Acerca desse tema, Iamamoto (2013, p. 136, grifo do original) apresenta com clareza as respectivas definições conceituais e seus riscos:

> a) de um lado, o **fatalismo**, inspirado em análises que naturalizam a vida social, traduzido numa visão "**perversa**" da profissão. Como a ordem do capital é tida como natural e perene, apesar das desigualdades evidentes, o Serviço Social encontrar-se-ia atrelado às malhas de um poder tido como monolítico, nada lhe restando a fazer. No máximo, caberia a ele aperfeiçoar formal e burocraticamente as tarefas que são atribuídas aos quadros profissionais pelos demandantes da profissão;

> b) de outro lado, o **messianismo utópico**, que privilegia as intenções, os propósitos do sujeito profissional individual, num voluntarismo marcante, que não dá conta do desvendamento do movimento social e das determinações que a prática profissional incorpora nesse mesmo movimento. O messianismo traduz-se numa visão "**heroica**", ingênua, das possibilidades revolucionárias da prática profissional, a partir de uma visão mágica da transformação social.

Uma efetiva contribuição do serviço social na defesa de direitos e em um posicionamento coerente com o projeto ético-político da profissão não pode assentar-se em nenhum dos dois extremos apresentados. Trata-se de agir considerando-se a contradição presente em todas as relações sociais, nas instituições empregadoras (sejam elas públicas, sejam privadas) e nas próprias políticas públicas (Iamamoto, 2013).

As práticas em defesa da efetividade das políticas públicas de segurança alimentar e nutricional devem levar em conta também que as políticas sociais representam, por um lado, a conquista popular, com a qual a profissão se identifica, e, por outro, o produto de interesses que sustentam o funcionamento do capitalismo (Faleiros, 2016; Iamamoto, 2013; Pereira, 2009). O campo das políticas públicas não é isento de interesses políticos, econômicos, corporativistas e elitistas, muito pelo contrário, o desenho das políticas sociais exprime as tensões presentes em seus processos de defesa, regulamentação e gestão (Boneti, 2011; Faleiros, 2016; Pereira, 2009).

A política pública de segurança alimentar, assim como as demais, não é estática, mas representa os limites e as possibilidades de cada cenário, em cada período. Cabe ao assistente social, que atua direta ou indiretamente nela, apreender o conjunto de forças presentes e posicionar-se em defesa do trabalhador, da liberdade, da democracia e da universalização de acessos, segundo disposto nos princípios de seu código de ética profissional (Sales, 2012).

A intervenção do assistente social nas políticas públicas e na defesa de direitos é permeada por um conjunto de limites e possibilidades. As condições institucionais e conjunturais nem sempre serão favoráveis e haverá, em maior ou menor grau, um processo de exigências institucionais que pode limitar a ação do profissional. No entanto, entende-se que o assistente social tem autonomia relativa e seu posicionamento pode influenciar significativas mudanças, como observa Iamamoto (2013). A autora destaca o potencial da intervenção do assistente social nas relações que ele estabelece no cotidiano profissional:

> Finalmente, importa destacar que o Assistente Social dispõe de relativa autonomia no exercício de suas funções institucionais, o que se expressa numa relação singular de contato direto com o usuário, em que o controle institucional não é total, abrindo a possibilidade de redefinir os rumos da ação profissional, conforme a maneira pela qual ele interprete o seu papel profissional. (Iamamoto, 2013, p. 120)

Há, portanto, uma grande relevância na atividade do assistente social e em suas escolhas durante seu exercício profissional.

Como já explicamos, não há um único caminho possível para o trabalho do assistente social diante das realidades nas quais ele atua. As possibilidades de sua ação se distinguem dentro da complexidade de conjunturas em que são demandadas e ele dispõe de relativa autonomia. Por fim, vale ressaltar que a diversidade das ações profissionais, em todas as suas manifestações, deve estar coerente com o código de ética da profissão.

A compreensão adequada desse código exige, em primeiro lugar, sua leitura (na íntegra), que pode ser enriquecida com produções que discutem e contextualizam a aplicação das determinações desse documento no cotidiano.

Para saber mais

Documentos

BARROCO, M. L. S.; TERRA, S. H.; CFESS – Conselho Federal de Serviço Social (Org.). **Código de Ética do/a Assistente Social comentado**. São Paulo: Cortez, 2012.

BONETTI, D. A. et al. (Org.). **Serviço social e ética**: convite a uma nova práxis. 13. ed. São Paulo: Cortez, 2012.

BRASIL. Lei n. 8.662, de 7 de junho de 1993. **Diário Oficial da União**, Poder Legislativo, Brasília, DF, 8 jun. 1993. Disponível em: <http://www.planalto.gov.br/ccivil_03/leis/L8662.htm>. Acesso em: 9 out. 2020.

Indicamos a leitura desses documentos para que você conheça o Código de Ética do/a Assistente Social e sua aplicação no cotidiano profissional.

Para exemplificar a dimensão do trabalho do assistente social, reproduzimos a seguir os onze princípios fundamentais que orientam o código de ética da profissão.

Princípios do Código de Ética do/a Assistente Social

I. Reconhecimento da liberdade como valor ético central e das demandas políticas a ela inerentes – autonomia, emancipação e plena expansão dos indivíduos sociais;

II. Defesa intransigente dos direitos humanos e recusa do arbítrio e do autoritarismo;

III. Ampliação e consolidação da cidadania, considerada tarefa primordial de toda sociedade, com vistas à garantia dos direitos civis, sociais e políticos das classes trabalhadoras;

IV. Defesa do aprofundamento da democracia, enquanto socialização da participação política e da riqueza socialmente produzida;

V. Posicionamento em favor da equidade e justiça social, que assegure universalidade de acesso aos bens e serviços relativos aos programas e políticas sociais, bem como sua gestão democrática;

VI. Empenho na eliminação de todas as formas de preconceito, incentivando o respeito à diversidade, à participação de grupos socialmente discriminados e à discussão das diferenças;

VII. Garantia do pluralismo, através do respeito às correntes profissionais democráticas existentes e suas expressões teóricas, e compromisso com o constante aprimoramento intelectual;

VIII. Opção por um projeto profissional vinculado ao processo de construção de uma nova ordem societária, sem dominação, exploração de classe, etnia e gênero;

IX. Articulação com os movimentos de outras categorias profissionais que partilhem dos princípios deste Código e com a luta geral dos/as trabalhadores/as;
X. Compromisso com a qualidade dos serviços prestados à população e com o aprimoramento intelectual, na perspectiva da competência profissional;
XI. Exercício do Serviço Social sem ser discriminado/a, nem discriminar, por questões de inserção de classe social, gênero, etnia, religião, nacionalidade, orientação sexual, identidade de gênero, idade e condição física.

Fonte: CFESS, 2012, p. 23-24.

Os princípios e a totalidade das disposições do Código de Ética do/a Assistente Social podem orientar as práticas do profissional na direção da defesa dos direitos à renda e à alimentação. Fica evidente, portanto, que o serviço social tem um posicionamento em defesa dos seguintes aspectos: partilha justa da riqueza socialmente produzida; acesso aos bens necessários à vida e ao direito assegurado por lei; cidadania; participação e democracia.

Fique atento!

Como forma de contribuir ainda mais com a discussão, desdobraremos três aspectos que permitem orientar uma prática alinhada aos princípios éticos do assistente social:

1. interpretação conjuntural da pobreza e da fome;
2. promoção da autonomia do usuário no ofício do assistente social;
3. educação popular como alternativa metodológica para a emancipação do usuário.

6.2 Interpretação conjuntural da pobreza e da fome

Um posicionamento importante do serviço social, desde a publicação de seu código de ética em 1986, referendado no código vigente, é a superação da neutralidade, isto é, a adoção de um posicionamento em favor da classe trabalhadora, da democracia, da justiça e, dessa forma, do usuário (Brasil, 1993a). A existência de milhares de pessoas que ainda passam fome em um país que tem produção de alimentos tão significativa como o Brasil não pode ser vista com naturalidade. Não se pode observar esse fenômeno com neutralidade, pois há de se reconhecer que está em pauta um cenário de grande injustiça e que medidas estruturais são necessárias para sua superação.

Conforme foi possível observar ao longo dos capítulos anteriores, o acesso à alimentação adequada tem uma estreita relação com o acesso à renda, embora devam ser considerados também outros fatores, como a disponibilidade de alimentos em cada região. Assim, discutir o direito humano à alimentação adequada no âmbito do serviço social é também debater e criar estratégias operacionais e políticas que visem a novas formas de distribuição de renda.

Vale, então, um aprofundamento acerca da perspectiva do serviço social sobre a desigualdade de renda, a pobreza, a fome e todas as situações correlatas a esses problemas. A história da profissão do serviço social está diretamente relacionada às práticas sociais de "administração" da pobreza, ou mesmo de "controle dos pobres". Com um berço de práticas assistencialistas, por muito tempo a área reproduziu ações fundamentadas na vivência empírica da caridade cristã ou nas ideologias positivistas de ajuste, que se alinhavam a um modelo de Estado que reprime a pobreza (os pobres) e favorece o capital. Se atuava com os pobres, porém, não se questionava a reprodução da pobreza na sociedade (Iamamoto, 2013; Martinelli, 2000).

No modelo de atendimento do serviço social norte-americano, do início do século XX, orientado pelas teorias positivistas, acreditava-se que a miséria e outras mazelas sociais eram um problema de ordem individual, como revela a seguinte afirmação da assistente social Gordon Hamilton (1982, p. 19), ao tratar do serviço social de caso: "a angústia, a miséria e a incapacidade são fatores pessoais e podem melhor ser compreendidos através das relações humanas. Qualquer relacionamento deve ser individualizado, a fim de se tornar útil".

Essa perspectiva foi modificada, no Brasil, apenas a partir da década de 1980, quando a categoria optou por assumir uma orientação teórica e política crítica. Com a apropriação de novas concepções, como a teoria social de Karl Marx, o serviço social redefiniu seu foco de análise, que se deslocou do indivíduo para as relações sociais (Iamamoto, 2013; Martinelli, 2000; Netto, 2015). Nesse sentido, a pobreza deixou de ser interpretada como um problema de uma pessoa ou de um grupo específico e passou a ser entendida como uma expressão da questão social, ou seja, uma manifestação concreta decorrente da desproporcional acumulação/distribuição de renda na sociedade capitalista e das relações de poder que a envolvem (Iamamoto, 2013).

Assim, a profissão acaba adotando o conceito de pobreza como um fenômeno multifacetado e aprofunda a busca por sua compreensão, de maneira a propor caminhos de prática mais efetivos, críticos e comprometidos com mudanças reais na sociedade.

> A procura por conceituar ou compreender a pobreza, no Serviço Social, tem longa data, e tem se orientado e fundamentado pelo fato de ser particularmente sobre ela (ou em torno dela) que o profissional atua. Tem também o interesse de tratar do tema como forma de conceber os tipos de intervenção e respostas à população pobre, fundamentalmente mediante a assistência social. (Siqueira, 2015, p. 233)

E a vivência na pobreza não é apenas determinada pelo menor acesso à renda. As condições de renda são uma das faces de um fenômeno multidimensional, que impacta o acesso aos serviços essenciais, a participação política, o exercício da justiça e a construção da identidade em face da sociedade (Crespo; Gurovitz, 2002).

> A partir de 1980, a pobreza passou a ser entendida como privação relativa, dando ao conceito um enfoque mais abrangente e rigoroso, buscando uma formulação científica e comparações entre estudos internacionais, enfatizando o aspecto social. Dessa forma, sair da linha de pobreza significava obter: um regime alimentar adequado, um certo nível de conforto, o desenvolvimento de papéis e de comportamentos socialmente adequados. (Crespo; Gurovitz, 2002, p. 5)

Dessa forma, a superação da pobreza exige mais do que políticas redistributivas de promoção do acesso à renda, visto que envolve um conjunto de acessos. Assim como a renda permite melhores condições de saúde, educação e acesso ao trabalho, a possibilidade de alcançar esses serviços por meio de políticas públicas eficazes também gera efeito na ampliação de oportunidades de elevação da renda pessoal e familiar (Crespo; Gurovitz, 2002). A atual sustentação teórica do serviço social nega a individualização na análise da pobreza e reconhece esta como uma expressão da questão social, que se manifesta no conjunto das relações sociais. Não se trata, portanto, de uma opção deliberada.

Não se pode inferir que a pobreza seja uma criação da sociedade capitalista, uma vez que, em modelos mais antigos de organização social e econômica, já se percebiam as desigualdades na repartição, no acesso e no usufruto das riquezas. O que não se pode, no entanto, é afirmar que a pobreza é natural ou que ela é essencialmente humana, pois sempre existiu.

É preciso notar que a pobreza é agravada no modelo capitalista, visto que seu funcionamento exige que parte da população fique à margem do processo produtivo, constituindo o chamado *exército de reserva*, fenômeno que não está presente nos demais modelos de produção (Iamamoto, 2013; Souza; Meirelles; Lima, 2016). "É importante apontar para o fato de que a parcela de superpopulação relativa cumpre uma função socioeconômica orgânica à acumulação do capital" (Souza; Meirelles; Lima, 2016, p. 52).

A própria divisão territorial nas sociedades capitalistas já estabelece algumas balizas acerca das condições de acesso às riquezas socialmente produzidas. "A capacidade de dominar o espaço vai depender diretamente da posse do capital, que permite manter a distância pessoas e coisas a ele indesejáveis e aproximar o que lhe é desejável" (Cassab; Ribeiro; Schettino, 2005, p. 2). Quando uma criança nasce em um bairro de periferia, já está implícito em sua trajetória futura um conjunto de desafios, muito maiores do que os que serão enfrentados por outras crianças, para que tenha acesso à comida, ao direito de brincar, à educação, à saúde de qualidade, à segurança e a outros benefícios. Para que essa criança chegue ao ensino universitário ou conquiste condições mínimas para desenvolver seus potenciais empreendedores, vislumbrando uma vida social distinta daquela vivenciada por seus pais, será exigido um conjunto de esforços bem maiores. Cassab, Ribeiro e Schettino (2005, p. 3), citando Torres (2004), discutem o conceito de *externalidades negativas*:

> Torres (2004) identifica estes déficts pelo conceito de "externalidades negativas". Refere-se aos bairros com alta concentração de pobres, onde a escola é pior, as possibilidades de acesso ao emprego formal é menor [sic], pois é menor o número de empregados, diminuindo as redes de relações das pessoas e onde os moradores estão muito mais expostos a riscos provenientes da falta de infraestrutura urbana, da instabilidade da propriedade da terra e da violência e violação de direitos.

Estamos falando da dinâmica de reprodução da pobreza no conjunto das relações capitalistas. Não se trata de uma determinação rígida, mas de um fator que demarca influências bastante significativas nas opções pessoais referentes à forma escolhida para o acesso à renda e a superação de suas condições de pobreza, miséria e/ou insegurança alimentar e nutricional.

Assim como a pobreza, a fome também não pode ser naturalizada. Não se pode aceitar que crianças, adultos e idosos passem fome no Brasil. Também não se pode acatar, sem crítica, o movimento econômico que transforma bens essenciais em mercadoria e que nega a sobrevivência àqueles que são excluídos por suas próprias engrenagens (Souza; Meirelles; Lima, 2016). Dessa forma, é fundamental compreender que a fome pode (e deve) ser evitada.

O enfrentamento da pobreza, da miséria e da fome se dá por meio de um conjunto de ações articuladas que envolvem educação política, participação social e investimento em políticas econômicas e sociais. A instrumentalidade do serviço social deve contemplar esses e outros elementos, na perspectiva da garantia de direitos e da justiça social.

É importante ter clareza de que o somatório de ações pontuais não constrói soluções efetivas, mesmo que sejam legitimadas por algum tipo de política pública ou pelas tradições da sociedade. O que se espera do profissional e da categoria do serviço social é um posicionamento político mais abrangente, assim como já tem sido realizado, firmando-se suas marcas na conquista da ampliação das políticas públicas e dos serviços de qualidade, a exemplo das conquistas no campo da assistência social (Battini, 2014a, 2014b).

6.3 Promoção da autonomia do usuário no fazer do assistente social

O grande desafio da práxis profissional é assegurar coerência e consistência entre os ideais que defende (aqueles previstos no projeto ético-político da profissão) e o trabalho cotidiano. Porém, é também essa constante relação que permite qualificar a prática e avançar na produção teórica (Baptista; Battini, 2014).

Uma das expressões desse dilema está localizada na escolha das metodologias de trabalho no atendimento direto ao usuário. Quando se defende autonomia, é incompatível que se lance mão de práticas autoritárias no trabalho profissional. Se o objetivo é promover emancipação, as reproduções assistencialistas não podem estar presentes na forma de prestar atendimento. Cabe aqui uma crítica às seguintes ações: exposição do usuário a filas desnecessárias; afirmação da relação de poder existente entre profissional e usuário; entrevistas com abordagens de caráter controlador; e reprodução da lógica do favor. Relembremos que o exercício profissional do assistente social deve compreender uma relação articulada e consistente entre as dimensões teórico-metodológica, ético-política e técnico-operativa (Guerra, 2000).

A prática do assistente social, em suas propostas metodológicas, deve estar coerente com a teoria que ele adota para explicar a sociedade. A teoria deve orientar a construção metodológica. "Não se trata, portanto, de desenvolver um referencial teórico, mas de praticar uma dimensão teórica: **de submeter à crítica teórica a abordagem do real, os instrumentos e as técnicas**" (Baptista, Battini, 2014, p. 30, grifo do original).

Queremos evidenciar aqui algumas possibilidades com base no legado teórico da profissão e nas experiências vivenciadas no atendimento direto pela própria autora deste livro[3].

Partimos do pressuposto de que toda ação profissional implica respostas do usuário e, embora não as defina, cumpre papel essencial na viabilização de acessos e de promoção de mudanças nas relações cotidianas, com vistas à cidadania e à autonomia, como evidencia a afirmação de Barroco (2012, p. 32-33) acerca do compromisso ético no ofício do assistente social:

> afirmo que as ações cotidianas dos assistentes sociais produzem um resultado concreto que afeta a vida dos usuários e interfere potencialmente na sociedade e que nessas ações se inscrevem valores e

---

3 As reflexões aqui problematizadas e compartilhadas são produto da pesquisa teórica e da sistematização do trabalho da autora, em suas atuações como assistente social nas seguintes funções: equipe técnica de Cras; equipe técnica de instituição prestadora de Serviço de Convivência e Fortalecimento de Vínculos; assessora técnica de coordenação estadual da proteção social especial; e professora/consultora em capacitações de equipes técnicas de proteção social básica e especial em municípios dos estados do Paraná, de Santa Catarina, de São Paulo e de Minas Gerais. Todas as ações foram realizadas no âmbito da política pública de assistência social.

finalidades de caráter ético. É verdade que essa interferência ocorre independente da consciência individual dos profissionais. Além disso, não existe garantia de que o produto de uma ação conscientemente planejada será objetivado na ação proposta. No entanto, isso não anula o papel ativo da consciência nas ações práticas; portanto pode-se afirmar que o conhecimento crítico ou a falta dele e o comprometimento político ou a sua ausência podem ampliar ou limitar a materialização da ética profissional, no âmbito de suas possibilidades históricas.

Um primeiro aspecto a ser considerado no atendimento direto da pessoa que busca por um benefício ou por um serviço no campo da transferência de renda ou da alimentação é reconhecer que ambas são direitos e que o usuário é um sujeito político e um cidadão – ele não está pedindo um favor nem o poder público (ou mesmo o assistente social) tem esse papel benevolente de conceder favores. Renda e alimentação são direitos, devem ser operados no campo das políticas públicas e aqueles que os demandam são dignos de respeito.

Alguns elementos que caracterizam esse respeito pela condição de cidadania do usuário se expressam de forma bastante concreta. Na sequência, destacamos alguns exemplos.

Evitar processos que impliquem prejuízos aos usuários para que possam obter atendimento

Tomemos como exemplo o recurso às tradicionais filas para acesso ao atendimento. Na maioria das vezes, o uso de filas pode ser evitado com a aplicação de novas estratégias de organização do atendimento. Nesse sentido, os usuários não devem ser penalizados por serem pobres e não se pode legitimar que tal procedimento seja a única alternativa. Existem métodos de agendamento prévio, inclusive *on-line*.

Iamamoto (2013), em sua obra *Renovação e conservadorismo no serviço social: ensaios críticos*, discute a construção histórica da categoria quando ela tinha sua prática marcada pelo atendimento às demandas institucionais do Estado, que se utilizava das políticas sociais para o controle da pobreza, em uma intervenção que a autora caracterizou como de "repressão e assistência" (Iamamoto, 2013, p. 96). A categoria pretende a superação das práticas conservadoras; dessa forma, é preciso estar atento aos movimentos do real que indicam que a pessoa está sendo estigmatizada, marginalizada ou culpada por sua condição social.

Existem formas de assegurar o atendimento sem que se estabeleça uma "competição infindável" por quem chega antes e que se desdobra em cidadãos e cidadãs (inclusive crianças) perdendo suas horas de sono em filas na madrugada, colocando em risco seus trabalhos/empregos por causa dos atrasos gerados pela extensão das filas e comprometendo suas condições de saúde sob intempéries. Esses são danos que podem ser evitados e que são relatados pelos próprios usuários quando são questionados acerca das facilidades e dificuldades de acesso aos serviços públicos[4].

Façamos uma análise hipotética: Se fosse para ofertar o mesmo atendimento a uma população com condições de renda e emprego melhores, seria feito dessa mesma forma? Parte das dificuldades impostas nos atendimentos à população vulnerável revela mais do que a própria fragilidade dos serviços – a presença da criminalização da pobreza.

Aplicar o princípio da igualdade já na relação com o usuário: agir "de igual para igual"

Embora deva ser elucidado que a interação entre o profissional e o usuário é permeada de relações de poder, que em geral privilegiam o primeiro, alguns elementos podem ser reforçados para a promoção da cidadania e da justiça. Se o sujeito é reconhecido como um cidadão, não cabe qualquer tipo de abuso de poder. O assistente social não pode assumir o papel de quem sabe o

---

4 Os problemas decorrentes das filas foram colhidos em entrevistas de usuários dos serviços de saúde, educação e assistência social que foram consultados na pesquisa de mestrado da autora, que envolveu questões acerca das condições de acesso aos serviços públicos para crianças e adolescentes com deficiência (Hack, 2016).

que é o melhor para o usuário, nem mesmo pode colocar-se como a figura que decide se aquela pessoa "merece" ou não o benefício/programa – ainda que seja esse o entendimento da maioria dos usuários, dos gestores e da sociedade.

Consideremos com atenção a seguinte disposição do Código de Ética do/a Assistente Social, em seu art. 5º:

> b) garantir a plena informação e discussão sobre as possibilidades e consequências das situações apresentadas, respeitando democraticamente as decisões dos/as usuários/as, mesmo que sejam contrárias aos valores e às crenças individuais dos/as profissionais, resguardados os princípios deste Código. (CFESS, 2012, p. 29)

Esse é um entre os vários deveres do assistente social nas relações com os usuários, de acordo com seu código de ética profissional. Tal dever tem como objetivo jurídico "impedir que seja estabelecida uma relação profissional autoritária com os usuários dos serviços" (Barroco; Terra; CFESS, 2012, p. 173).

Também não se pode reforçar no atendimento a naturalização das diferenças, mediante a adoção de um estilo de atendimento "com pena" ou "com dó", em que o profissional age de forma emocional diante da situação e descomprometida com sua superação.

Existe o risco, conforme uma prática já observada na categoria, de um número de profissionais agir de maneira contraditória, defendendo verbalmente os princípios do código de ética da profissão, porém reproduzindo no atendimento moralismos, valores conservadores e preconceitos (Barroco; Terra; CFESS, 2012). "Entre outros fatores, trata-se de uma **repetição espontânea** de certos costumes e valores internalizados e consolidados por meio de sua formação moral, anterior à formação profissional" (Barroco; Terra; CFESS, 2012, p. 73, grifo do original).

O reconhecimento da igualdade – que pretendemos evidenciar – é evidenciado no modo de abordar o usuário e na forma de expor-lhe as explicações sobre o atendimento. Essa ação engloba um diálogo de qualidade, em que a pessoa é esclarecida sobre seus direitos e sobre sua condição de cidadania quando procura pelo serviço, além de receber informações acerca da estrutura e da equipe que estão disponíveis para seu atendimento, dos critérios para cada serviço/benefício, das alternativas de que dispõe quando não se aplica o atendimento exato a sua solicitação, das perspectivas de superação da condição apresentada, tanto individualmente quanto coletivamente, e dos meios para isso (Brasil, 1993a; Barroco; Terra; CFESS, 2012).

◀))) Implementar processos de seleção de usuários para acesso aos serviços/benefícios de forma coerente com a autonomia e a emancipação

Como observamos na construção teórica até aqui desenvolvida, bem como nos exemplos discutidos, algumas abordagens direcionadas aos usuários podem gerar um impacto negativo sobre sua autonomia. Se, para tentar o acesso a um benefício ou serviço, o usuário precisa expressar ao máximo suas péssimas condições de vida, suas limitações pessoais e familiares e as intercorrências mais dolorosas de sua história, está-se reforçando nesse sujeito um conjunto de competências que servirá somente para manter sua dependência de ações assistencialistas.

Tomando como parâmetro de análise os atendimentos realizados nas políticas de saúde e de assistência social, devem-se resgatar os princípios de universalidade que as envolvem. Se, de acordo com a lei, na política de saúde, todos têm direito ao atendimento integral na promoção, na prevenção e na recuperação da saúde e, na política de assistência, seu atendimento é previsto a todos que dela necessitarem, é essencial questionar práticas de seleção dos "mais pobres" ou dos "mais necessitados". Isso contraria o critério da universalidade e reforça políticas focalistas (Brasil, 1988, 1993b). Mesmo nos casos em que a universalidade não foi institucionalizada por lei, como pode ocorrer com outros serviços e políticas, cabe ao serviço social agir para que isso ocorra, pois a categoria profissional defende a universalidade de acessos às políticas básicas (Brasil, 1993a).

Ainda sob uma análise ética dessa situação, é preciso atentar para o equívoco de uma certa conivência do serviço social com as dinâmicas institucionais altamente burocratizadas e fragmentadoras, que reproduzem a humilhação nos processos para a obtenção de benefícios ou serviços (Barroco; Terra; CFESS, 2012).

> Para obter um direito, os usuários são submetidos a diferentes formas de preconceito e discriminação. As diversas práticas profissionais e suas responsabilidades tendem a ser dissolvidas no interior da burocracia institucional, na medida em que uma mesma situação é atendida, de forma fragmentada, por diferentes agentes, sem que nenhuma detenha o processo em sua totalidade e assuma a responsabilidade integral pelo mesmo. **O caminho percorrido pelo usuário – desde a solicitação do serviço até a obtenção do direito é, em geral, um verdadeiro "calvário" de idas e vindas entre instituições, em que não raras vezes enfrentam situações de descaso e humilhação.** (Barroco; Terra; CFESS, 2012, p. 78-79, grifo nosso)

A forma de seleção dos usuários deve ser orientada por critérios transparentes, não limitados a questões matemáticas de cálculo de renda, mas dotados de clareza para os próprios usuários, para a equipe da unidade de atendimento e para a rede de serviços. A forma de acesso deve prever que os usuários se reconheçam como cidadãos de direito, que vão solicitar a concretização dessa situação, sem precisar expor sua vida pessoal de forma vexatória, humilhante ou mesmo revitimizante.

Substituir ações emergenciais/pontuais por intervenções planejadas e orientadas por um plano de ação

As demandas cotidianas dos assistentes sociais que atuam no atendimento à população no campo das políticas que abrangem o acesso à renda e à alimentação são permeadas de "falsas urgências". Embora existam pessoas e famílias que, se não tiverem um atendimento imediato, passarão fome ou outras necessidades naquele mesmo dia, existe também um conjunto enorme de usuários que reproduz periodicamente a mesma demanda e recebe (também de forma constante) o mesmo tipo de atendimento, reforçando um vínculo de assistencialismo.

De acordo com o documento *Parâmetros para atuação de assistentes sociais na política de assistência social*, publicado pelo CFESS em 2011, no caso da política pública de assistência social e, em especial, do atendimento realizado no Cras, há um grande risco de limitar a ação profissional aos atendimentos emergenciais e pontuais, esvaziando o conjunto enorme de possibilidades de intervenção na área. O documento aponta para a necessidade de se enfrentar uma grande tendência, presente no âmbito do Cras, que se configura em "restringir a atuação a atendimentos emergenciais a indivíduos, grupos ou famílias, o que pode caracterizar os CRAS e a atuação profissional como um 'grande plantão de emergências', ou num serviço cartorial de registro e controle das famílias para acessos a benefícios de transferência de renda" (CFESS, 2011, p. 24).

É preciso diferenciar as demandas que realmente exigem uma ação imediata das demais, para as quais é essencial que se construa um plano de ação que vise promover estratégias de interrupção nos ciclos de reprodução da pobreza e da dependência. É indicada, nesse caso, a aplicação de ferramentas de planejamento e de gestão social que considerem a participação do usuário em todo o processo (planejamento, execução e avaliação), bem como os aspectos éticos e políticos que envolvem a situação.

Promover a superação dos estereótipos

Ainda se reproduzem no cotidiano profissional alguns estereótipos de "pobre", "coitado" e "menos favorecido". Assim, reforçam-se aquelas figuras com caras tristes, roupas gastas e cabeças baixas. Não se trata de aplicar uma abordagem higienista ou mesmo de exigir sorrisos de quem passa por tamanho número de dificuldades, mas há de se atentar para o fato de que, durante os atendimentos do serviço social, e de preferência em todo o percurso de atendimentos nas políticas públicas, os cidadãos e as cidadãs deveriam estar seguros de seus direitos, sem precisar comprovar suas necessidades com o próprio corpo.

Contudo, não é incomum que os assistentes sociais recebam, nas políticas voltadas ao atendimento de pessoas em situação de pobreza, miséria ou fome, indivíduos bem vestidos e com um linguajar refinado, que chegam ao atendimento com veículo próprio. Os olhares superficiais já julgam que essas pessoas não têm direitos naquele espaço. Entretanto, se o serviço social se posiciona na defesa da universalização dos acessos, esses elementos não podem constituir limites ou mesmo empecilhos para o atendimento.

Podemos exemplificar a necessidade de atendimento aos indivíduos com as características há pouco mencionadas com os seguintes casos: pessoas que viveram anos bem empregadas e de repente se deparam com o desemprego; pessoas que optaram por se retirar do mercado de trabalho para se dedicarem exclusivamente às demandas domésticas, em um acordo pelo qual a renda seria garantida pelo parceiro ou parceira, e se veem desprotegidas após uma separação ou falecimento do cônjuge; e pessoas que passam por episódios de catástrofes. Não raro, elas têm mais necessidade imediata do que aquelas que já são acompanhadas pelos serviços públicos por longos períodos.

Os casos problematizados aqui representam duas faces de uma mesma moeda, ou seja, o estabelecimento de um tipo de perfil do usuário da assistência social que é aceito como o de "digno de atendimento". Reforçar esses estigmas constitui uma prática de preconceito, que é danosa ao usuário e contrária aos princípios do Código de Ética do/a Assistente Social (Brasil, 1993a; Barroco; Terra, CFESS, 2012).

6.4 Educação popular como alternativa metodológica para a emancipação e a promoção da autonomia

Uma das estratégias de promoção da autonomia, quando se trata da intervenção com públicos que demandam acesso aos direitos à renda e à alimentação, é a educação popular, em suas mais variadas expressões. As técnicas de educação popular se aplicam no próprio processo educativo compreendido nos atendimentos individuais realizados pelos assistentes sociais. Todavia, são ainda mais eficazes quando se lança mão de abordagens coletivas.

É fundamental destacar que o serviço social, ao agir, desempenha um importante papel educativo. Sua ação não é neutra, pois produz saberes que se refletirão em práticas. Essa característica não é nova na profissão, visto que sempre a acompanhou. Assim, o papel educativo (ou pedagógico[5]) do serviço social relaciona-se com o projeto político-profissional da categoria e, historicamente, já esteve a serviço da manutenção do capital e das instituições, incidindo em práticas voltadas ao ajustamento dos usuários (Abreu, 2002; Abreu; Cardoso, 2009; Iamamoto, 2013).

Abreu e Cardoso (2009) discutem a função pedagógica do serviço social e problematizam sua relação com os diferentes projetos societários:

> Considerando os distintos e contraditórios projetos culturais, a função pedagógica desempenhada pelos assistentes sociais na sociedade brasileira, ao longo da sua trajetória histórica, define-se a partir de estratégias educativas postas na luta de classes, em que podemos distinguir: a) as estratégias educativas subalternizantes, vinculadas à necessidade de reprodução das relações de dominação e exploração do capital sobre o trabalho e o conjunto da sociedade; b) as estratégias educativas emancipatórias, vinculadas à necessidade histórica de construção de uma alternativa societária à ordem do capital. (Abreu; Cardoso, 2009, p. 4-5)

Reforçamos a necessidade de consolidação de práticas emancipatórias, em acordo com o projeto político profissional atualmente hegemônico (Netto, 2009a). Portanto, destacamos a possibilidade de utilização da educação popular como ferramenta para a promoção da autonomia, da emancipação e da participação dos usuários.

O Brasil conta com os ensinamentos de um grande mestre da educação popular: Paulo Freire. Ainda que o autor hoje receba críticas, tanto das alas conservadoras quanto das progressistas, seu

---

5 Marina Maciel Abreu (2002) aborda a temática sob o conceito de *função pedagógica* do serviço social.

legado é incontestável. Esse educador foi capaz de desenvolver metodologias de intervenção na realidade da população empobrecida, analfabeta e excluída dos mais diversos direitos de cidadania. Em sua meta, havia uma educação libertadora, que tinha sobretudo papel político (Basílio, 2015; Zitkoski, 2010).

> As teorias de Freire estão na origem da Educação Popular como paradigma latino-americano que traz inúmeras contribuições para a pedagogia mundial. Freire foi um dos pioneiros nesse esforço de problematizar os desafios concretos que impulsionaram a articulação de lutas organizadas dos Movimentos Populares em direção à transformação das realidades sociais opressoras. Pela coragem e pela postura coerente de humildade e autocrítica, a proposta freiriana convergiu para um grande movimento de Práxis Transformadora que foi emergindo da realidade social latino-americana e passou a contar com inúmeros líderes, intelectuais e educadores do mundo todo. (Zitkoski, 2010, p. 13-14)

A educação popular passa pela valorização dos diferentes saberes, incluindo os populares, e da linguagem acessível, além de supor igualdade desde sua base e de buscar promovê-la em todo o seu processo.

Assim, técnicas relacionadas à educação popular de Paulo Freire ou de metodologias desenvolvidas por outros autores podem contribuir para o delinear de uma metodologia de intervenção para o serviço social que permita a promoção da democracia, da autonomia, da participação política e aspectos afins.

A seguir, para ilustrar a temática apresentada neste capítulo, compartilhamos uma experiência vivida pela autora desta obra em seu estágio de serviço social, que foi tema de seu trabalho de conclusão de curso (TCC) e, certamente, continua a servir-lhe de orientação ainda hoje em seu exercício profissional.

Exemplo prático

Durante os dois últimos anos da faculdade, realizei o estágio obrigatório no setor de serviço social de um centro comunitário. Esse espaço era vinculado a uma igreja e envolvido por duas expressões bastante comuns a muitos outros locais em que o serviço social se insere (principalmente na iniciativa privada): (1) a busca por doações por um número cada vez maior de pessoas e (2) um conjunto de cidadãos bem-intencionados, que desejava ajudar ao primeiro grupo e, para tanto, fazia doação de cestas básicas ou de quilos de alimentos. Em casos como esse, uma ação voluntária pontual costuma reunir os alimentos doados e distribuir àqueles que pedem por eles.

No entanto, dada a amizade de um religioso responsável pelo centro comunitário com uma professora de serviço social, foi requerida uma intervenção profissional nesse cenário, o que se desdobrou na contratação de uma assistente social e de um grupo de estagiárias.

A opção da assistente social contratada, orientada pela professora de serviço social que mediou a proposta de estabelecimento do setor de serviço social, foi adotar uma metodologia de promoção da autonomia e buscar a assessoria de uma entidade que atua com a educação popular, a economia solidária e o fortalecimento dos movimentos sociais.

Nesse espaço, então, foi adotada uma metodologia de economia solidária, conhecida como *clube de trocas*. Originado na Argentina, durante um dos períodos de crise econômica no país, esse projeto vinha se estabelecendo como uma alternativa possível em relação às camadas empobrecidas da sociedade brasileira.

Assim, as pessoas que frequentemente vinham pedir doação de alimentos no centro comunitário passaram a ser convidadas a participar do clube de trocas. Aquelas que aderiam à proposta tinham assegurados alimentos (e muito mais) a cada 15 dias. As que não se interessavam em aderir a essa proposta eram esclarecidas sobre a forma de distribuição de alimentos adotada na instituição, recebiam uma doação única e eram encaminhadas para os serviços da rede pública, se assim o desejassem.

O clube de trocas chegou a ter quatro grupos, dada a grande adesão de participantes. Cada grupo se reunia quinzenalmente e participava de um conjunto de procedimentos que envolvia as seguintes ações:

- Momento de silêncio para prece individual – Sempre havia o pedido de que se fizesse uma oração, contudo, em respeito à diversidade religiosa, optou-se pelo momento de silêncio.
- Celebração dos aniversariantes – Era o momento de confraternização entre os presentes e de celebração da importância da vida de cada um para o grupo.
- Reflexão política – Era o ápice da prática da educação popular, em que eram compartilhados saberes, sempre com a realização de uma formação política fundamentada nos direitos de cidadania, na Constituição Federal e no olhar crítico sobre a conjuntura social.
- Decisões coletivas – Cada grupo tinha seu regimento, deliberado pelos próprios participantes, e toda e qualquer ocorrência que incomodasse um ou mais de seus membros era discutida coletivamente até que se tomasse uma decisão.
- Momento das trocas – Cada pessoa, para participar do clube de trocas, deveria trazer cinco itens para troca, dos quais pelo menos um deveria ser uma "produção própria".

Dessa forma, estimulavam-se o desapego e a partilha, pois eram trazidos para o clube produtos estocados em casa e sem utilidade, e também se incentivavam o trabalho e a promoção dos talentos individuais.

Os participantes se viam valorizados quando traziam algo que eles mesmo haviam produzido e que era demandado pelos demais, como alimentos, bebidas, hortaliças cultivadas em casa, artesanatos ou mesmo a prestação de serviços, como cortes de cabelo. Para mediar as trocas de maneira justa, criou-se uma moeda solidária, que permitia (assim como o dinheiro comum) que fossem atribuídos valores distintos entre os produtos mais simples e os mais elaborados. Como todos os participantes traziam cinco itens, todos tinham acesso à moeda solidária e, de tempos em tempos, recebiam uma "injeção" de moedas por parte da organização dos grupos do clube para que não faltasse "renda" para ninguém.

Com essa mesma moeda, com um valor simbólico, cada participante, ao final do encontro, comprava seus alimentos (que, em um primeiro momento, tinham sido solicitados como um favor e haviam chegado ao projeto como uma forma de caridade). Se o grupo contasse com 20 pessoas, haveria 20 unidades de cada item disponível para a compra com a moeda social (arroz, feijão, macarrão, óleo etc.). E, ainda, era oportunizada ao participante a escolha de tipos e marcas preferidos entre as opções disponíveis. A ordem de prioridade para a realização dessa escolha era definida pelos próprios participantes e registrada no regulamento de cada grupo.

Essa metodologia permitiu, portanto, que os usuários fossem atendidos, que o alimento chegasse às famílias que dele precisavam e que as doações fossem destinadas de forma responsável. Porém, muito mais do que isso, ela fomentou conhecimento, participação política, cidadania, autonomia, valorização pessoal e estímulo ao trabalho, entre outros resultados.

Essa vivência foi, para mim, um grande aprendizado que estabeleceu de forma bem concreta a clareza de que podemos atuar como assistentes sociais de maneira crítica, com base em condições objetivas que outrora poderiam ser exploradas da maneira mais conservadora possível.

|||||||||||||||||||||||||||||||||||||||||||||||||||||||||||||||||||||||||||||||||||

O relato aqui compartilhado é apenas um entre tantos exemplos de práticas que podem, de fato, promover os princípios emanados pelo Código de Ética do/a Assistente Social e por todo o projeto político-profissional da categoria (Brasil, 1993a; Netto, 2009a). Reforçamos aqui a importância de orientar a ação profissional do assistente social na perspectiva da defesa e da garantia dos direitos, bem como relembramos nossa opção teórica e política neste livro em reconhecer e referendar a renda e a alimentação como direitos humanos e sociais.

Para saber mais

CARNEIRO, G.; BEZ, A. C. **Clubes de troca**: rompendo o silêncio, construindo outra história. 2. ed. rev. Curitiba: Popular; Cefuria, 2011. (Metodologia e Sistematização de Experiências Coletivas Populares, v. 2). Disponível em: <http://www.cefuria.org.br/files/2012/08/clubes_de_troca.pdf>. Acesso em: 13 out. 2020.

Acerca da experiência do clube de trocas, recomendo a leitura do livro de Gisele Carneiro e Antonio Carlos Bez, no qual são detalhados processos e resultados dessa experiência. Nesse material, é possível compreender ainda melhor a proposta e conhecer caminhos para sua replicação.

GHIRALDELLI, P. **As lições de Paulo Freire**: filosofia, educação e política. Barueri: Manole, 2012.

STRECK, D. R.; REDIN, E.; ZITKOSKI, J. J. **Dicionário Paulo Freire**. 4. ed. Belo Horizonte: Autêntica, 2018.

STURZENEGGER, K. F. D. **Do pensamento de Paulo Freire**: para uma ação mais humanizada do professor na educação a distância. Curitiba: InterSaberes, 2017.

VASCONCELOS, M. L. M. C.; BRITO, R. H. P. de. **Conceitos de educação em Paulo Freire**. Petrópolis: Vozes, 2014.

Sobre a educação popular fundamentada em Paulo Freire existem muitos materiais disponíveis e com grande qualidade. Aqui, indicamos algumas obras que permitem conhecer melhor o educador e seu legado.

Síntese

Ao longo deste capítulo, discutimos a relação existente entre o exercício profissional do assistente social e a defesa e a promoção do direito humano à alimentação adequada e do direito à renda.

Nesse sentido, analisamos os desafios inerentes ao atendimento realizado no cotidiano, que não pode prescindir de um olhar crítico diante das relações sociais e das expressões da questão social, que se desdobram na desigualdade, na pobreza, na miséria e na fome.

Vimos também que a intervenção profissional deve ocorrer baseada na adoção de metodologias capazes de promover a autonomia e a emancipação, bem como em outros princípios e premissas que orientam o Código de Ética do/a Assistente Social.

Por fim, discorremos sobre a educação popular e a economia solidária, entendidas no âmbito das estratégias possíveis para o desenvolvimento de processos metodológicos críticos e coerentes com o projeto ético-político da profissão.

Questões para revisão

1. De acordo com a reflexão do "Exemplo prático: O que é uma assistente social", apresentada no início deste capítulo, em que foi relatada a experiência vivida pela autora no atendimento social, assinale a alternativa correta acerca da identidade profissional discutida:

    a) Cabe ao profissional assistente social contribuir com a sociedade prestando serviços assistencialistas, como a distribuição de cestas básicas.
    b) Todas as áreas de atuação do assistente social envolvem a distribuição de cestas básicas.
    c) Para além das ações pontuais que envolvem a distribuição de cestas básicas, o assistente social deve estar comprometido com mudanças estruturais.
    d) As cestas básicas são a melhor estratégia social para o enfrentamento da fome no Brasil, segundo estudos e o monitoramento realizado pelos profissionais assistentes sociais.
    e) Todas as pessoas têm clareza da identidade profissional do assistente social e de sua contribuição para a sociedade.

2. A respeito da relação da profissão do serviço social com o enfrentamento à pobreza, à miséria e à fome, assinale a alternativa correta:

   a) O objeto de atuação da profissão do serviço social é a pobreza, fenômeno que está presente em absolutamente todos os espaços sócio-ocupacionais da profissão.
   b) A intervenção do serviço social no enfrentamento à pobreza é alicerçada na compreensão de que essa situação não é uma escolha pessoal.
   c) A pobreza, a miséria e fome são problemas de caráter individual que devem ser abordados pelo serviço social também de forma individualizada e personalizada.
   d) Desde sua origem até o tempo presente, o assistente social atua com políticas assistencialistas em relação à população pobre por entender que se trata de pessoas menos favorecidas.
   e) O serviço social já atuou muito no enfrentamento à pobreza, contudo essa realidade mudou a partir do movimento de reconceituação da profissão, que deixou de atuar nesse campo.

3. Acerca da escolha de metodologias para trabalhar a promoção da segurança alimentar e nutricional e a autonomia, assinale a alternativa correta:

   a) Há uma limitação no campo do serviço social que impede ações de promoção da autonomia, uma vez que a profissão dedica-se ao atendimento de situações pontuais e emergenciais.
   b) Há uma contradição no campo de intervenção do serviço social, pois se prevê a autonomia, mas a atuação cotidiana exige práticas assistencialistas, tornando impossível ao profissional ultrapassar essa limitação.

c) O assistente social pode adotar uma diversidade de estratégias metodológicas, de forma a desenvolver ações planejadas capazes de atender às necessidades mais imediatas e promover a emancipação.
d) A educação popular é um campo da pedagogia que vem assumindo o papel do serviço social, colocando em risco tanto a identidade profissional do assistente social quanto o futuro da profissão.
e) A segurança alimentar e nutricional é um privilégio das classes mais abastadas. O serviço social atua com a classe trabalhadora, para a qual o foco é enfrentar a fome, não cabendo a discussão sobre segurança alimentar e nutricional.

4. Considerando o aprendizado construído neste capítulo, desenvolva um texto que relacione a atuação do serviço social com a pobreza.

5. Acerca das estratégias de intervenção do assistente social para a promoção da segurança alimentar e nutricional, é de fundamental importância que se escolham metodologias coerentes com o código de ética da profissão. Disserte sobre esse desafio presente no cotidiano desse profissional.

Questões para reflexão

1. Pesquise os princípios que orientam o Código de Ética do/a Assistente Social. Desenvolva um texto relacionando um ou mais desses princípios com o desafio cotidiano do atendimento social às populações que sofrem com a pobreza, a miséria e a fome.

2. Aprofunde sua reflexão acerca da renda e da alimentação como direitos e elabore uma proposta de intervenção do assistente social no campo do planejamento de políticas públicas, para que esses direitos venham a ser respeitados e concretizados.

Considerações finais

No contexto das sociedades capitalistas contemporâneas, a renda é uma mediação indispensável, o que conduz à compreensão de que o acesso à renda é fundamental para a sobrevivência. Contudo, persistem interpretações, produzidas na própria conjuntura capitalista, que atribuem uma relação direta do nível de acesso à renda com os vínculos empregatícios, o esforço pessoal e o merecimento.

Diante disso, podemos inferir que essas percepções reforçam as desigualdades, assunto em relação ao qual adotamos a concepção de autores que defendem a renda como direito, tanto para a satisfação das necessidades humanas básicas quanto como uma expressão de partilha das riquezas de caráter social, que são equivocadamente apropriadas como bens privados, destinados a poucos.

Da mesma forma, reconhecemos que a alimentação é um direito humano que ultrapassa a questão de superação da fome e pressupõe, na perspectiva da segurança alimentar e nutricional, que haja alimentos em quantidade suficiente e em qualidade adequada e que respeitem as singularidades das diferentes culturas alimentares e a proteção à saúde e ao meio ambiente.

Para efetivação desses direitos, necessita-se de um conjunto de políticas públicas. Sobre isso, analisamos a política de assistência social e os programas de transferência de renda, além de suas contribuições e seus desafios na promoção do direito humano à alimentação junto com a promoção da autonomia e da emancipação. Também abordamos aspectos da política intersetorial de segurança alimentar e nutricional, que é consolidada com base na interlocução e na integração de ações dos mais diversos setores, compreendendo iniciativas tanto do poder público quanto da sociedade civil organizada.

Depois, aproximamos toda essa discussão dos elementos que orientam o exercício profissional dos assistentes sociais no Brasil, considerando que a promoção e a defesa dos direitos e das políticas públicas são inerentes ao projeto ético-político dessa categoria profissional. Por fim, examinamos aspectos metodológicos concernentes à promoção dos direitos à renda e à alimentação, com vistas à liberdade, à autonomia e à emancipação dos cidadãos, previstas nos princípios que regem o Código de Ética do/a Assistente Social.

Ao chegarmos ao fim desta obra, esperamos que os diversos assuntos discutidos, ao mesmo tempo esclarecedores e inquietantes, o motivem, leitor, a buscar mais informações sobre os direitos à renda e à alimentação. Com esta produção, pretendemos estimular a contínua pesquisa na área, assim como incentivar a participação política na defesa de tais direitos e o desenvolvimento de práticas profissionais coerentes com os aspectos éticos e políticos da profissão do serviço social.

Referências

ABREU, M. M. **Serviço social e a organização da cultura**: perfis pedagógicos da prática profissional. São Paulo: Cortez, 2002.

ABREU, M. M.; CARDOSO, F. G. Mobilização social e práticas educativas. In: CFESS – Conselho Federal de Serviço Social. **Serviço social**: direitos sociais e competências profissionais. Brasília: Ed. da UnB, 2009. p. 1-17.

A HISTÓRIA da assistência social no Brasil. Direção: Marcio Curi. Brasil: Ministério do Desenvolvimento Social e Combate à Fome, 2010. 23 min. Disponível em: <https://www.youtube.com/watch?v=qPE5MdntV2Y>. Acesso em: 10 nov. 2020.

BADDINI, C.; VIANNA, I. A. V. Mecanismos de coordenação institucional do Programa Bolsa Família: a importância da estratégia de implementação. In: SILVA, T. F. (Org.). **Bolsa Família 15 anos (2003-2018)**. Brasília: Enap, 2018. p. 57-78.

BAPTISTA, M. V.; BATTINI, O. **A prática profissional do assistente social**: teoria, ação, construção do conhecimento. São Paulo: Veras, 2014. v. I.

BARROCO, M. L. S. Introdução. In: BARROCO, M. L. S.; TERRA, S. H.; CFESS – Conselho Federal de Serviço Social. (Org.). **Código de Ética do/a Assistente Social comentado**. São Paulo: Cortez, 2012. p. 31-37.

BARROCO, M. L. S.; TERRA, S. H.; CFESS – Conselho Federal de Serviço Social. (Org.). **Código de Ética do/a Assistente Social comentado**. São Paulo: Cortez, 2012.

BARTHOLO, L.; PASSOS, L.; FONTOURA, N. Bolsa Família, autonomia feminina e equidade de gênero: o que indicam as pesquisas nacionais. In: SILVA, T. F. (Org.). **Bolsa Família 15 anos (2003-2018)**. Brasília: Enap, 2018. p. 371-406.

BASÍLIO, A. L. Paulo Freire em seu devido lugar. **Centro de Referências em Educação Integral**, 10 abr. 2015. Disponível em: <https://educacaointegral.org.br/reportagens/paulo-freire-em-seu-devido-lugar/?gclid=Cj0KCQjwt5zsBRD8ARIsAJfI4BjKP7H0ebPJ3yKgpn42LQg1dygNFNHPTAnVD0uQ9O9wYw2GrHa-OZQaAix8EALw_wcB>. Acesso em: 13 out. 2020.

BATTINI, O. Atitude investigativa e prática profissional. In: BAPTISTA, M. V.; BATTINI, O. **A prática profissional do assistente social**: teoria, ação, construção do conhecimento. São Paulo: Veras, 2014a. v. I. p. 53-78.

BATTINI, O. O lugar da prática profissional no contexto das lutas dos assistentes sociais no Brasil. In: BAPTISTA, M. V.; BATTINI, O. **A prática profissional do assistente social**: teoria, ação, construção do conhecimento. São Paulo: Veras, 2014b. v. I. p. 129-148.

BETTO, Frei. Consumo, logo existo. **Consumo Responsável**, 5 set. 2007. Disponível em: <http://terraconsumo.blogspot.com/2007/09/texto-frei-betto.html>. Acesso em: 14 out. 2020.

BONETI, L. W. **Políticas públicas por dentro**. Ijuí: Unijuí, 2011.

BONETTI, D. A. et al. (Org.). **Serviço social e ética**: convite a uma nova práxis. 13. ed. São Paulo: Cortez, 2012.

BOSCARI, M.; SILVA, F. N. da. A trajetória da assistência social até se efetivar como política social pública. **Revista Interdisciplinar de Estudos em Saúde**, v. 4, n. 1, p. 108-127, 2015. Disponível em: <https://periodicos.uniarp.edu.br/index.php/ries/article/view/341/326>. Acesso em: 6 out. 2020.

BOSCHETTI, I. Seguridade social no Brasil: conquistas e limites à sua efetivação. In: CFESS – Conselho Federal de Serviço Social. **Serviço social**: direitos sociais e competências profissionais. Brasília: Ed. da UnB, 2009. p. 383-401.

BOSCHETTI, I. et al. (Org.). **Política social no capitalismo**: tendências contemporâneas. 2. ed. São Paulo: Cortez, 2009.

BRASIL. Constituição (1988). **Diário Oficial da União**, Brasília, DF, 5 out. 1988. Disponível em: <http://www.planalto.gov.br/ccivil_03/constituicao/constituicao.htm>. Acesso em: 28 set. 2020.

BRASIL. Constituição (1988). Emenda Constitucional n. 64, de 4 de fevereiro de 2010. **Diário Oficial da União**, Poder Legislativo, Brasília, DF, 4 fev. 2010a. Disponível em: <encurtador.com.br/lnAFN>. Acesso em: 30 set. 2020.

BRASIL. Constituição (1988). Emenda Constitucional n. 95, de 15 de dezembro de 2016. **Diário Oficial da União**, Poder Legislativo, Brasília, DF, 15 dez. 2016a. Disponível em: <http://www.planalto.gov.br/ccivil_03/constituicao/emendas/emc/emc95.htm>. Acesso em: 29 set. 2020.

BRASIL. Decreto n. 5.209, de 17 de setembro de 2004. **Diário Oficial da União**, Poder Executivo, Brasília, DF, 20 set. 2004a. Disponível em: <http://www.planalto.gov.br/ccivil_03/_ato2004-2006/2004/decreto/d5209.htm>. Acesso em: 7 out. 2020.

BRASIL. Decreto n. 6.307, de 14 de dezembro de 2007. **Diário Oficial da União**, Poder Executivo, Brasília, DF, 17 dez. 2007. Disponível em: <http://www.planalto.gov.br/ccivil_03/_ato2007-2010/2007/decreto/d6307.htm#:~:text=Disp%C3%B5e%20sobre%20os%20benef%C3%ADcios%20eventuais,que%20lhe%20confere%20o%20art.>. Acesso em: 6 out. 2020.

BRASIL. Decreto n. 7.053, de 23 de dezembro de 2009. **Diário Oficial da União**, Poder Executivo, Brasília, DF, 24 dez. 2009a. Disponível em: <http://www.planalto.gov.br/ccivil_03/_ato2007-2010/2009/decreto/d7053.htm#:~:text=Institui%20a%20Pol%C3%ADtica%20Nacional%20para,Monitoramento%2C%20e%20d%C3%A1%20outras%20provid%C3%AAncias.> Acesso em: 11 nov. 2020.

BRASIL. Decreto n. 9.606, de 10 de dezembro de 2018. **Diário Oficial da União**, Poder Executivo, Brasília, DF, 11 dez. 2018a. Disponível em: <http://www.planalto.gov.br/ccivil_03/_Ato2015-2018/2018/Decreto/D9606.htm#:~:text=DECRETO%20N%C2%BA%209.606%2C%20DE%2010,que%20lhe%20confere%20o%20art.> Acesso em: 1º out. 2020.

BRASIL. Decreto n. 10.490, de 17 de setembro de 2020. **Diário Oficial da União**, Poder Executivo, Brasília, DF, 18 set. 2020a. Disponível em: <https://www.in.gov.br/web/dou/-/decreto-n-10.490-de-17-de-setembro-de-2020-278155065> Acesso em: 10 nov. 2020.

BRASIL. Decreto-Lei n. 5.453, de 1º de maio de 1943. **Diário Oficial da União**, Poder Executivo, Rio de Janeiro, DF, 9 ago. 1943. Disponível em: <http://www.planalto.gov.br/ccivil_03/decreto-lei/del5452.htm>. Acesso em: 29 set. 2020.

BRASIL. Lei n. 8.069, de 13 de julho de 1990. **Diário Oficial da União**, Poder Legislativo, Brasília, DF, 16 jul. 1990. Disponível em: <http://www.planalto.gov.br/ccivil_03/LEIS/L8069.htm>. Acesso em: 28 set. 2020.

BRASIL. Lei n. 8.213, de 24 de julho de 1991. **Diário Oficial da União**, Poder Executivo, Brasília, DF, 25 jul. 1991. Disponível em: <http://www.planalto.gov.br/ccivil_03/leis/L8213cons.htm>. Acesso em: 28 set. 2020.

BRASIL. Lei n. 8.662, de 7 de junho de 1993. **Diário Oficial da União**, Poder Legislativo, Brasília, DF, 8 jun. 1993a. Disponível em: <http://www.planalto.gov.br/ccivil_03/leis/L8662.htm>. Acesso em: 9 out. 2020.

BRASIL. Lei n. 8.742, de 7 de dezembro de 1993. **Diário Oficial da União**, Poder Legislativo, Brasília, DF, 8 dez. 1993b. Disponível em: <http://www.planalto.gov.br/ccivil_03/leis/l8742.htm>. Acesso em: 29 set. 2020.

BRASIL. Lei n. 10.835, de 8 de janeiro de 2004. **Diário Oficial da União**, Poder Legislativo, Brasília, DF, 9 jan. 2004b. Disponível em: <http://www.planalto.gov.br/ccivil_03/_Ato2004-2006/2004/Lei/L10.835.htm>. Acesso em: 29 set. 2020.

BRASIL. Lei n. 10.836, de 9 de janeiro de 2004. **Diário Oficial da União**, Poder Executivo, Brasília, DF, 12 jan. 2004c. Disponível em: <http://www.planalto.gov.br/ccivil_03/_ato2004-2006/2004/lei/l10.836.htm#:~:text=Cria%20o%20Programa%20Bolsa%20Fam%C3%ADlia,transfer%C3%AAncia%20de%20renda%20com%20condicionalidades.>. Acesso em: 7 out. 2020.

BRASIL. Lei n. 11.346, de 15 de setembro de 2006. **Diário Oficial da União**, Poder Legislativo, Brasília, DF, 18 set. 2006a. Disponível em: <http://www.planalto.gov.br/ccivil_03/_ato2004-2006/2006/lei/l11346.htm>. Acesso em: 1° out. 2020.

BRASIL. Lei n. 12.873, de 24 de outubro de 2013. **Diário Oficial da União**, Poder Executivo, Brasília, DF, 25 out. 2013. Disponível em: <http://www.planalto.gov.br/ccivil_03/_ato2011-2014/2013/lei/l12873.htm>. Acesso em: 30 set. 2020.

BRASIL. Lei n. 13.146, de 6 de julho de 2015. **Diário Oficial da União**, Poder Legislativo, Brasília, DF, 7 jul. 2015. Disponível em: <http://www.planalto.gov.br/ccivil_03/_ato2015-2018/2015/lei/l13146.htm>. Acesso em: 28 set. 2020.

BRASIL. Lei n. 13.487, de 6 de outubro de 2017. **Diário Oficial da União**, Poder Legislativo, Brasília, DF, 6 out. 2017a. Disponível em: <http://www.planalto.gov.br/ccivil_03/_Ato2015-2018/2017/Lei/L13487.htm>. Acesso em: 29 set. 2020.

BRASIL. Lei n. 13.982, de 2 de abril de 2020. **Diário Oficial da União**, Poder Legislativo, Brasília, DF, 2 abr. 2020b. Disponível em: <http://www.planalto.gov.br/ccivil_03/_Ato2019-2022/2020/Lei/L13982.htm#art1>. Acesso em: 10 nov. 2020.

BRASIL. Câmara Interministerial de Segurança Alimentar e Nutricional. **Estudo técnico Caisan**: mapeamento da insegurança alimentar e nutricional com foco na desnutrição a partir da análise do Cadastro Único, do Sistema Nacional de Vigilância Alimentar e Nutricional (Sisvan) e do Sistema de Informação da Atenção à Saúde Indígena (Siasi) – 2016. Brasília: Ministério da Saúde, 2018b. Disponível em: <http://www.mds.gov.br/webarquivos/arquivo/seguranca_alimentar/caisan/Publicacao/Caisan_Nacional/Estudo_tecnico_MapaInsan_2018.pdf>. Acesso em: 30 set. 2020.

BRASIL. Câmara Interministerial de Segurança Alimentar e Nutricional. **Relatório de informações sociais de segurança alimentar e nutricional**: Brasil. Brasília, 2018c. Disponível em: <https://aplicacoes.mds.gov.br/sagi/ri/mod/index.php?rl=10377&t_div=1&aM=0&codigo=0>. Acesso em: 30 set. 2020.

BRASIL. Casa Civil. **Mais 25 municípios aderem ao Sistema Nacional de Segurança Alimentar e Nutricional**. 21 out. 2020c. Disponível em <https://www.gov.br/casacivil/pt-br/assuntos/noticias/2020/outubro/mais-25-municipios-aderem-ao-sistema-nacional-de-seguranca-alimentar-e-nutricional>. Acesso em: 10 nov. 2020.

BRASIL. Congresso Nacional. Consultoria de Orçamento e Fiscalização Financeira da Câmara dos Deputados. Consultoria de Orçamentos, Fiscalização e Controle do Senado Federal. **Nota Técnica Conjunta nº 6, de 2017**. Brasília, DF: Câmara dos Deputados, 2017b. Disponível em: <https://www2.camara.leg.br/orcamento-da-uniao/estudos/2017/ntc06-2017-fundo-especial-de-financiamento-de-campanha-impacto-orcamentario-e-sujeicao-ao-teto-de-gastos>. Acesso em: 29 set. 2020.

BRASIL. Ministério da Cidadania. **Bolsa Família**. Disponível em: <https://www.gov.br/cidadania/pt-br/acoes-e-programas/bolsa-familia>. Acesso em: 10 nov. 2020d.

BRASIL. Ministério da Cidadania. Secretaria de Avaliação e Gestão da Informação. **MapaSAN 2015**: Diretório. Disponível em: <https://aplicacoes.mds.gov.br/sagi/simulacao/mapasan2015/list_dir.php?pasta=BASE%20DE%20DADOS&el=%2FNACIONAL%2FF5+EPSANs%2FF5.4+-+EPSAN_Restaurante_Popular>. Acesso em: 10 nov. 2020e.

BRASIL. Ministério da Cidadania. Secretaria de Avaliação e Gestão da Informação. **RI de Segurança Alimentar e Nutricional**. Brasília, 2020f. Disponível em: <https://aplicacoes.mds.gov.br/sagi/ri/mod/index.php?rl=10377&t_div=1&aM=0&codigo=0>. Acesso em: 10 nov. 2020.

BRASIL. Ministério da Cidadania. Secretaria de Avaliação e Gestão da Informação. **VIS DATA 3 beta**. Disponível em: <https://aplicacoes.mds.gov.br/sagi/vis/data/index.php>. Acesso em: 10 nov. 2020g.

BRASIL. Ministério da Educação. Fundo Nacional de Desenvolvimento da Educação. Secretaria de Educação a Distância. **Programa Nacional de Formação Continuada a distância nas ações do FNDE**. 8. ed. atual. Brasília, 2018d. Disponível em: <http://www.gestaoescolar.diaadia.pr.gov.br/arquivos/File/fpe/ce_pnae.pdf>. Acesso em: 5 out. 2020.

BRASIL. Ministério da Saúde. Agência Nacional de Vigilância Sanitária. Resolução RDC n. 283, de 26 de setembro de 2005. **Diário Oficial da União**, Poder Executivo, Brasília, DF, 27 dez. 2005a. Disponível em: <https://bvsms.saude.gov.br/bvs/saudelegis/anvisa/2005/res0283_26_09_2005.html>. Acesso em: 6 out. 2020.

BRASIL. Ministério do Desenvolvimento Social. **Manual do pesquisador**: Cadastro Único para Programas Sociais do Governo Federal. Brasília, 2018e. Disponível em: <https://aplicacoes.mds.gov.br/sagirmps/ferramentas/docs/manual_do_pesquisador_cadastro_unico_semlogo.pdf>. Acesso em: 29 set. 2020.

BRASIL. Ministério do Desenvolvimento Social. **Manual do pesquisador**: Programa Bolsa Família. Brasília, 2018f. Disponível em: <https://aplicacoes.mds.gov.br/sagirmps/ferramentas/docs/manual_do_pesquisador_gestao_bolsa_familia_semlogo.pdf>. Acesso em: 29 set. 2020.

BRASIL. Ministério do Desenvolvimento Social. Portaria n. 148, de 27 de abril de 2006. **Diário Oficial da União**, Poder Executivo, Brasília, DF, 28 abr. 2006b. Disponível em: <http://189.28.128.100/nutricao/docs/legislacao/portaria148_27_04_06.pdf>. Acesso em: 7 out. 2020.

BRASIL. Ministério do Desenvolvimento Social. Secretaria Nacional da Assistência Social. Departamento de Benefícios Assistenciais e Previdenciários. Coordenação Geral de Regulação e Análise Normativa. **Orientações técnicas sobre benefícios eventuais no Suas**. Brasília, 2018g. Disponível em: <http://www.mds.gov.br/webarquivos/publicacao/assistencia_social/Cadernos/Orienta%C3%A7%C3%B5es%20T%C3%A9cnias%20sobre%20Benef%C3%ADcios%20Eventuais%20no%20SUAS.pdf>. Acesso em: 29 set. 2020.

BRASIL. Ministério do Desenvolvimento Social. Secretaria Nacional de Segurança Alimentar e Nutricional. **Guia de avaliação de alimentos doados aos bancos de alimentos**. Brasília, 2018h. Disponível em: <http://www.mds.gov.br/webarquivos/publicacao/seguranca_alimentar/livro%20'Guia%20avalia%C3%A7%C3%A3o%20alimentos'-mod13.pdf>. Acesso em: 29 set. 2020.

BRASIL. Ministério do Desenvolvimento Social e Agrário. **Guia de políticas e programas**. Brasília: MDSA/Assessoria de Comunicação, 2017c. Disponível em: <https://www.mds.gov.br/webarquivos/pecas_publicitarias/banner/_guiadepoliticas_MDSA_online.pdf>. Acesso em: 5 out. 2020.

BRASIL. Ministério do Desenvolvimento Social e Agrário. **Manual de instruções, diretrizes e procedimentos operacionais para contratação e execução de programas e ações da Secretaria Nacional de Segurança Alimentar e Nutricional**. Brasília, 2016b. Disponível em: <http://www.mds.gov.br/webarquivos/publicacao/seguranca_alimentar/diretrizes_programaticas_CAIXAMDS.pdf>. Acesso em: 29 set. 2020.

BRASIL. Ministério do Desenvolvimento Social e Combate à Fome. **Orientações técnicas sobre o Serviço de Convivência e Fortalecimento de Vínculos para crianças e adolescentes de 6 a 15 anos**: prioridade para crianças e adolescentes integrantes do programa de erradicação do trabalho infantil. Brasília, 2010b. Disponível em: <https://www.gesuas.com.br/blog/static/criancas-adolescentes-6-a-15-anos.pdf>. Acesso em: 6 out. 2020.

BRASIL. Ministério do Desenvolvimento Social e Combate à Fome. **PAA**: dez anos de Aquisição de Alimentos. Brasília: MDS/Secretaria Nacional de Segurança Alimentar e Nutricional/Secretaria de Avaliação e Gestão da Informação, 2014a. Disponível em: <https://fpabramo.org.br/acervosocial/wp-content/uploads/sites/7/2017/08/320.pdf>. Acesso em: 30 set. 2020.

BRASIL. Ministério do Desenvolvimento Social e Combate à Fome. Conselho Nacional de Assistência Social. Resolução n. 33, de 12 de dezembro de 2012. **Diário Oficial da União**, Poder Executivo, Brasília, DF, 12 dez. 2012. Disponível em: <http://enfermagem30horashoje.blogspot.com/2013/01/resolucao-n-33-de-12-de-dezembro-de.html>. Acesso em: 6 out. 2020.

BRASIL. Ministério do Desenvolvimento Social e Combate à Fome. Conselho Nacional de Assistência Social. Resolução n. 109, de 11 de novembro de 2009. **Diário Oficial da União**, Poder Executivo, Brasília, DF, 25 nov. 2009b. Disponível em: <https://www.mds.gov.br/webarquivos/public/resolucao_CNAS_N109_%202009.pdf>. Acesso em: 10 nov. 2020.

BRASIL. Ministério do Desenvolvimento Social e Combate à Fome. Secretaria de Segurança Alimentar e Nutricional. Departamento de Apoio à Aquisição e à Comercialização de Produção Familiar. Programa de Aquisição de Alimentos. **Programa de Aquisição de Alimentos**: manual operativo – modalidade compra com doação simultânea, operação por meio de termo de adesão. Brasília, 2014b. Disponível em: <https://fpabramo.org.br/acervosocial/wp-content/uploads/sites/7/2017/08/336.pdf>. Acesso em: 30 set. 2020.

BRASIL. Ministério do Desenvolvimento Social e Combate à Fome. Secretaria Nacional de Assistência Social. **Política Nacional de Assistência Social – PNAS/2004**: Norma Operacional Básica – NOB/Suas. Brasília, 2005b. Disponível em: <http://www.mds.gov.br/webarquivos/publicacao/assistencia_social/Normativas/PNAS2004.pdf>. Acesso em: 6 out. 2020.

BRASIL. Ministério do Desenvolvimento Social e Combate à Fome. Secretaria Nacional de Renda e Cidadania. Secretaria Nacional de Assistência Social. **Orientações técnicas**: Centro de Referência Especializado para População em Situação de Rua – Centro Pop – Suas e população em situação de rua. Brasília: Gráfica e Editora Brasil, 2011. v. 3. Disponível em: <http://www.mds.gov.br/webarquivos/publicacao/assistencia_social/Cadernos/orientacoes_centro_pop.pdf>. Acesso em: 6 out. 2020.

BRASIL. Tribunal Superior Eleitoral. **Fundo Especial de Financiamento de Campanha (FEFC)**. Brasília, 27 ago. 2018i. Disponível em: <http://www.tse.jus.br/eleicoes/eleicoes-2018/prestacao-de-contas-1/fundo-especial-de-financiamento-de-campanha-fefc>. Acesso em: 29 set. 2020.

BUSCH, A. Análise: perspectivas desoladoras para o desemprego no Brasil. **Deutsch Welle**, 6 jun. 2019. Disponível em: <https://www.dw.com/pt-br/an%C3%A1lise-perspectivas-desoladoras-para-o-desemprego-no-brasil/a-49086143>. Acesso em: 29 set. 2020.

CAIXA ECONÔMICA FEDERAL. **Cadastro Único**. Disponível em: <http://www.caixa.gov.br/cadastros/cadastro-unico/Paginas/default.aspx>. Acesso em: 7 out. 2020.

CAMPELLO, T. Uma década derrubando mitos e superando expectativas. In: CAMPELLO, T.; NERI, M. (Org.). **Programa Bolsa Família**: uma década de inclusão e cidadania. Brasília: Ipea, 2013. p. 15-24.

CAMPELLO, T.; FALCÃO, T.; COSTA, P. V. da. **O Brasil sem miséria**. Brasília: MDS, 2014.

CAMPELLO, T.; NERI, M. (Org.). **Programa Bolsa Família**: uma década de inclusão e cidadania. Brasília: Ipea, 2013. Disponível em: <https://www.ipea.gov.br/portal/images/stories/PDFs/livros/livros/livro_bolsafamilia_10anos.pdf>. Acesso em: 7 out. 2020.

CARNELOSSI, B. O trabalho do assistente social no Programa Bolsa Família: desafios ao Código de Ética profissional. **Serviço Social e Sociedade**, São Paulo, n. 125, p. 124-147, jan./abr. 2016. Disponível em: <http://www.scielo.br/pdf/sssoc/n125/0101-6628-sssoc-125-0124.pdf>. Acesso em: 7 out. 2020.

CASEMIRO, J. P.; VALLA, V. V.; GUIMARÃES, M. B. L. Direito humano à alimentação adequada: um olhar urbano. **Ciência e Saúde Coletiva**, v. 15, n. 4, p. 2085-2093, 2010. Disponível em: <https://www.scielo.br/pdf/csc/v15n4/a22v15n4.pdf>. Acesso em: 29 set. 2020.

CASSAB, M. A. T.; RIBEIRO, L. C.; SCHETTINO, P. Desigualdade social e território: uma breve reflexão. In: JORNADA INTERNACIONAL DE POLÍTICAS PÚBLICAS, 2., 2005, São Luís. Disponível em: <http://www.joinpp.ufma.br/jornadas/joinppII/pagina_PGPP/Trabalhos2/Maria_Aparecida_Luiz_Claudio_Priscila297.pdf>. Acesso em: 9 out. 2020.

CASTRO, J. de. **Geopolítica da fome**: ensaio sobre os problemas de alimentação e de população. 8. ed. rev. e aum. São Paulo: Brasiliense, 1968.

CASTRO, J. de. **Geografia da fome**: o dilema brasileiro: pão ou aço. 10. ed. rev. Rio de Janeiro: Antares, 1984.

CAVALLINI, M. Greve dos caminhoneiros afeta abastecimento em supermercados e paralisa produção de frigoríficos. **G1**, 24 maio 2018. Disponível em: <https://g1.globo.com/economia/noticia/greve-dos-caminhoneiros-afeta-abastecimento-de-pereciveis-em-supermercados-e-paralisa-producao-de-frigorificos.ghtml>. Acesso em: 30 set. 2020.

CECCHINI, S. Transferências condicionadas na América Latina e Caribe: da inovação à consolidação. In: CAMPELLO, T.; NERI, M. (Org.). **Programa Bolsa Família**: uma década de inclusão e cidadania. Brasília: Ipea, 2013. p. 369-398.

CFESS – Conselho Federal de Serviço Social. **Código de Ética do/a Assistente Social**: Lei 8.662/93 de regulamentação da profissão. 10. ed. rev. e ampl. Brasília, 2012. Disponível em: <http://www.cfess.org.br/arquivos/CEP_CFESS-SITE.pdf>. Acesso em: 9 out. 2020.

CFESS – Conselho Federal de Serviço Social. **Parâmetros para atuação de assistentes sociais na política de assistência social**. Brasília, 2011. (Série Trabalho e Projeto Profissional nas Políticas Sociais). Disponível em: <http://www.cfess.org.br/arquivos/Cartilha_CFESS_Final_Grafica.pdf>. Acesso em: 11 nov. 2020.

CHAVES, J. de P. et al. Cadastro Único: um retrato das famílias de baixa renda no Brasil. In: SILVA, T. F. (Org.). **Bolsa Família 15 anos (2003-2018)**. Brasília: Enap, 2018. p. 123-154.

COHN, A. Desafios de uma trajetória de êxito: dez anos do PBF. In: CAMPELLO, T.; NERI, M. (Org.). **Programa Bolsa Família**: uma década de inclusão e cidadania. Brasília: Ipea, 2013. p. 455-466.

COLIN, D. et al. (Org.). **Vinte anos da Lei Orgânica da Assistência Social**. Brasília: MDS, 2013.

COLIN, D.; JACCOUD, L. Assistência social e construção do Suas: balanço e perspectivas. In: COLIN, D. et al. (Org.). **Vinte anos da Lei Orgânica da Assistência Social**. Brasília: MDS, 2013. p. 42-65.

CRESPO, A. P. A.; GUROVITZ, E. A pobreza como um fenômeno multidimensional. **RAE Eletrônica**, São Paulo, v. 1, n. 2, p. 1-12, jul./dez. 2002. Disponível em: <http://www.scielo.br/pdf/raeel/v1n2/v1n2a03.pdf>. Acesso em: 28 set. 2020.

DaMATTA, R. **A casa e a rua**: espaço, cidadania, mulher e morte no Brasil. 5. ed. Rio de Janeiro: Rocco, 1997.

DERANI, C. Política Pública e a norma política. **Revista da Faculdade de Direito da Universidade Federal do Paraná (UFPR)**, Curitiba, v. 41, n. 0, p. 19-28, 2004. Disponível em: <https://revistas.ufpr.br/direito/article/view/38314>. Acesso em: 6 out. 2020.

DIEESE – Departamento Intersindical de Estatística e Estudos Socioeconômicos. **Pesquisa nacional da cesta básica de alimentos**: salário mínimo nominal e necessário. São Paulo, 2019. Disponível em: <https://www.dieese.org.br/analisecestabasica/salarioMinimo.html>. Acesso em: 29 set. 2020.

FALEIROS, V. de P. **Política social do Estado capitalista**. 12. ed. São Paulo: Cortez, 2016.

FELIX, J. O idoso e o mercado de trabalho. In: ALCÂNTARA, A. de O.; CAMARANO, A. A.; GIACOMIN, K. C. (Org.). **Política Nacional do Idoso**: velhas e novas questões. Rio de Janeiro: Ipea, 2016. p. 241-263.

FERREIRA, A.; DEMUTTI, C. M.; GIMENEZ, P. E. O. A teoria das necessidades de Maslow: a influência no nível educacional sobre a sua percepção no ambiente de trabalho. In: SEMINÁRIOS EM ADMINISTRAÇÃO (SEMEAD), 13., 2010, Rio de Janeiro. **Anais**... Rio de Janeiro: SemeAd, 2010. Disponível em: <https://www.etica.eco.br/sites/textos/teoria-de-maslow.pdf>. Acesso em: 30 set. 2020.

GARCIA, M. F. Brasil desperdiça 26,3 milhões de toneladas de alimentos por ano. **Observatório do Terceiro Setor**, São Paulo, 27 fev. 2019. Disponível em: <https://observatorio3setor.org.br/noticias/brasil-desperdica-26-milhoes-de-toneladas-de-alimentos-por-ano/>. Acesso em: 30 set. 2020.

GOMES, F. G. Conflito social e welfare state: Estado e desenvolvimento social no Brasil. **Revista de Administração Pública**, Rio de Janeiro, v. 40, n. 2, p. 201-236, mar./abr. 2006. Disponível m: <https://www.researchgate.net/publication/237745623_Conflito_social_e_welfare_state_Estado_e_desenvolvimento_social_no_Brasil>. Acesso em: 29 set. 2020.

GRUPO GESTOR. **Balanço de avaliação da execução do Programa de Aquisição de Alimentos – PAA**: 2003 a 2010. Brasília: Ministério do Desenvolvimento Social, 2010. (Relatório Descritivo). Disponível em: <http://aplicacoes.mds.gov.br/sagi/paa/visi_paa_geral/documentos/BALANCO%20DE%20AVALIACAO%20GRUPO%20GESTOR%20DO%20PAA%20versao%2024-02-11.pdf>. Acesso em: 2 out. 2020.

GUERRA, Y. **A instrumentalidade no trabalho do assistente social**. In: CAPACITAÇÃO em serviço social e política social. Brasília: UnB; CFESS; ABEPSS, 2000. Módulo 4: O trabalho do assistente social e as políticas sociais (Cadernos do Programa de Capacitação Continuada para Assistentes Sociais). Disponível em: <http://unesav.com.br/ckfinder/userfiles/files/Yolanda%20Guerra%20instrumentalid.pdf>. Acesso em: 8 out. 2020.

GUERRA, Y. O conhecimento crítico na reconstrução das demandas profissionais contemporâneas. In: BAPTISTA, M. V.; BATTINI, O. **A prática profissional do assistente social**: teoria, ação construção do conhecimento. São Paulo: Veras, 2014. v. I. p. 79-106.

HACK, N. S. **Redes de atendimento às crianças e adolescentes com deficiência em Curitiba**. 159 f. Dissertação (Mestrado em Tecnologia em Saúde) – Pontifícia Universidade Católica do Paraná, Curitiba, 2016. Disponível em: <http://www.biblioteca.pucpr.br/tede/tde_arquivos/13/TDE-2016-05-17T164704Z-3176/Publico/NEIVA.pdf>. Acesso em: 11 nov. 2020.

HAMILTON, G. **Teoria e prática do serviço social de casos**. Tradução de Marilia Diniz Carneiro. 5. ed. Rio de Janeiro: Agir, 1982.

IAH – INSTITUTO ANTÔNIO HOUAISS. **Grande Dicionário Houaiss**. Versão on-line. Disponível em: <https://houaiss.uol.com.br/pub/apps/www/v5-4/html/index.php#1>. Acesso em: 30 set. 2020.

IAMAMOTO, M. V. **Renovação e conservadorismo no serviço social**: ensaios críticos. 7. ed. São Paulo: Cortez, 2007.

IAMAMOTO, M. V. **Renovação e conservadorismo no serviço social**: ensaios críticos. 12. ed. São Paulo: Cortez, 2013.

IBASE – Instituto Brasileiro de Análises Sociais e Econômicas. **Repercussões do Programa Bolsa Família na segurança alimentar e nutricional das famílias beneficiadas**: documento síntese – junho 2008. Rio de Janeiro, 2008. Disponível em: <https://ibase.br/userimages/ibase_bf_sintese_site.pdf>. Acesso em: 7 out. 2020.

IBGE – Instituto Brasileiro de Geografia e Estatística. **Indicadores Sociais Mínimos – ISM**: informações técnicas. Disponível em: <https://www.ibge.gov.br/estatisticas/sociais/populacao/17374-indicadores-sociais-minimos.html?=&t=notas-tecnicas#pea>. Acesso em: 28 set. 2020.

IBGE – Instituto Brasileiro de Geografia e Estatística. **Pesquisa Nacional por Amostra de Domicílios**: segurança alimentar – 2013. Rio de Janeiro, 2014. Disponível em: <https://biblioteca.ibge.gov.br/visualizacao/livros/liv91984.pdf>. Acesso em: 30 set. 2020.

IBGE – Instituto Brasileiro de Geografia e Estatística. Coordenação de População e Indicadores Sociais. **Síntese de Indicadores Sociais**: uma análise das condições de vida da população brasileira – 2018. Rio de Janeiro, 2018. (Estudos e Pesquisas. Informação Demográfica e Socioeconômica, n. 39). Disponível em: <https://biblioteca.ibge.gov.br/visualizacao/livros/liv101629.pdf>. Acesso em: 25 set. 2020.

IBM SPSS EXPORT FACILITY. **F5.4 – ERPSAN_retaurante_popular.xlsx**. Restaurantes populares. Ministério do Desenvolvimento Social. Brasília, 1º ago. 2011. Planilha eletrônica. Microsoft Excel. Disponível em: <https://aplicacoes.mds.gov.br/sagi/simulacao/mapasan2015/list_dir.php?pasta=BASE%20DE%20DADOS&el=%2FNACIONAL%2FF5+EPSANs%2FF5.4+-+EPSAN_Restaurante_Popular>. Acesso em: 11 nov. 2020.

INOJOSA, R. M. Intersetorialidade e a configuração de um novo paradigma organizacional. **Revista de Administração Pública**, Rio de Janeiro, v. 32, n. 2, p. 35-48, mar./abr. 1998. Disponível em: <https://www.pucsp.br/prosaude/downloads/bibliografia/intersetorialidade_configuracao_novo_paradigma_organizacional.pdf>. Acesso em: 1º out. 2020.

KAUCHAKJE, S. **Gestão pública de serviços sociais**. Curitiba: InterSaberes, 2012.

LAVINAS, L.; VARSANO, R. **Programas de garantia de renda mínima e ação coordenada de combate à pobreza**. Rio de Janeiro: Ipea, 1998. (Texto para Discussão n. 534). Disponível em: <https://www.ipea.gov.br/portal/images/stories/PDFs/TDs/td_0534.pdf>. Acesso em: 29 set. 2020.

LUZ, F. M. B. da. **"Vamos preparar os quitutes"**: discursos sobre a cultura da alimentação no Brasil durante a Segunda Guerra Mundial. 165 f. Dissertação (Mestrado em História) – Universidade Federal do Paraná, Curitiba, 2015. Disponível em: <https://acervodigital.ufpr.br/bitstream/handle/1884/39318/R%20-%20D%20-%20FRANCIANE%20MOCHENSKI%20BUENO%20DA%20LUZ.pdf?sequence=2&isAllowed=y>. Acesso em: 10 nov. 2020.

MAGALHÃES JUNIOR, H. M.; JAIME, P. C.; LIMA, A. M. C. de. O papel do setor saúde no Programa Bolsa Família: histórico, resultados e desafios para o sistema único de saúde. In: CAMPELLO, T.; NERI, M. (Org.). **Programa Bolsa Família**: uma década de inclusão e cidadania. Brasília: Ipea, 2013. p. 93-108.

MAIDL, D. Qual é a diferença entre relação de emprego e relação de trabalho? **Jusbrasil**, 16 nov. 2016. Disponível em: <https://danielmaidl.jusbrasil.com.br/artigos/405083084/qual-e-a-diferenca-entre-relacao-de-emprego-e-relacao-de-trabalho>. Acesso em: 29 set. 2020.

MALLMANN, L. J.; BALESTRIN, N. L.; SILVA, R. dos S. **Estado e políticas sociais no Brasil**: avanços e retrocessos. Curitiba: InterSaberes, 2017.

MARTINELLI, M. L. **Serviço social**: identidade e alienação. 6. ed. São Paulo: Cortez, 2000.

MARTINS, R. Bolsa Família: confira o passo a passo para participar do programa. **EBC**, Brasília, 17 jul. 2013. Disponível em: <http://www.ebc.com.br/cidadania/2013/07/bolsa-fam%C3%ADlia-confira-passo-a-passo-participar-programa#%20Como%20e%20onde%20se%20cadastrar>. Acesso em: 7 out. 2020.

MARX, K. **Contribuição à crítica da economia política**. 2. ed. São Paulo: Expressão Popular, 2008.

MAURÍCIO, M. F.; CARDOSO, G. C. Desempenho e resultados: a lógica da gestão descentralizada do Programa Bolsa Família e do Cadastro Único para programas sociais do governo federal. In: SILVA, T. F. (Org.). **Bolsa Família 15 anos (2003-2018)**. Brasília: Enap, 2018. p. 79-108.

MENDES, L. V. As consequências da desnutrição no desenvolvimento físico e mental infantil. **Fundação Telefônica Vivo**, São Paulo, 2 dez. 2016. Disponível em: <http://fundacaotelefonica.org.br/promenino/trabalhoinfantil/colunistas/as-consequencias-da-desnutricao-no-desenvolvimento-fisico-e-mental-infantil/>. Acesso em: 30 set. 2020.

MIRANDA, C. R.; CINTRA, J. P. S. **Cenário da infância e adolescência no Brasil 2020**. São Paulo: Fundação Abrinq, 2020. Disponível em: <https://www.fadc.org.br/sites/default/files/2020-03/cenario-brasil-2020-1aedicao.pdf>. Acesso em: 10 nov. 2020.

NASCIMENTO, M. A. C. (Org.). **Tempo de bolsas**: estudos sobre programas de transferência de renda. Campinas: Papel Social, 2015.

NERI, M. O Programa Bolsa família e a inclusão financeira. In: CAMPELLO, T.; FALCÃO, T.; COSTA, P. V. da. **O Brasil sem miséria**. Brasília: MDS, 2014. p. 727-746.

NERI, M. Um olhar sobre meios e fins do Bolsa Família. In: SILVA, T. F. (Org.). **Bolsa Família 15 anos (2003-2018)**. Brasília: Enap, 2018. p. 425-444.

NERI, M.; OSORIO, M. Condicionalidades, jornada e desempenho educacional. In: SILVA, T. F. (Org.). **Bolsa Família 15 anos (2003-2018)**. Brasília: Enap, 2018. p. 249-266.

NETTO, J. P. A construção do projeto ético-político do serviço social. In: MOTA, A. E. et al. (Org.). **Serviço social e saúde**: formação e trabalho profissional. 4. ed. São Paulo: Cortez, 2009a. p. 141-160.

NETTO, J. P. **Capitalismo monopolista e serviço social**. 7. ed. São Paulo: Cortez, 2009b.

NETTO, J. P. **Ditadura e serviço social**: uma análise do serviço social no Brasil pós-64. 17. ed. São Paulo: Cortez, 2015.

OXFAM BRASIL. **A distância que nos une**: um retrato das desigualdades brasileiras. São Paulo: Oxfam Brasil, 2017. Disponível em: <http://relatoriosdinamicos.com.br/mulheres/dnfile/e5n4be62482l5m9shfzt/pdf/publicacoes/1/a-distancia-que-nos-une-um-retrato-das-desigualdades-brasileiras.pdf>. Acesso em: 29 set. 2020.

PEREIRA, P. A. P. Estado, sociedade e esfera pública. In: CFESS – Conselho Federal de Serviço Social. **Serviço social**: direitos sociais e competências profissionais. Brasília: Ed. da UnB, 2009. p. 285-300.

PEREIRA, P. A. P. **Necessidades humanas**: subsídios à crítica dos mínimos sociais. São Paulo: Cortez, 2002.

PNAD Contínua: taxa de desocupação é de 12,0% e taxa de subutilização é de 24,3% no trimestre encerrado em janeiro de 2019. **Agência IBGE Notícias**, Rio de Janeiro, 27 fev. 2019. Disponível em: <https://agenciadenoticias.ibge.gov.br/agencia-sala-de-imprensa/2013-agencia-de-noticias/releases/23865-pnad-continua-taxa-de-desocupacao-e-de-12-0-e-taxa-de-sub utilizacao-e-de-24-3-no-trimestre-encerrado-em-janeiro-de-2019>. Acesso em: 29 set. 2020.

PRONAF: o programa de democratização, inclusão, gestão e geração de renda da agricultura familiar. 2018. Disponível em: <https://agriculturafamiliarnaraiz.tumblr.com/page/3>. Acesso em: 10 nov. 2020.

REPÓRTER BRASIL Greve dos caminhoneiros afeta o abastecimento de alimentos. **TV Brasil**, 23 maio 2018. Disponível em: <http://tvbrasil.ebc.com.br/reporter-brasil/2018/05/greve-dos-caminhoneiros-afeta-o-abaste cimento-de-alimentos>. Acesso em: 30 set. 2020.

RESENDE, A. C. C. Ensino superior: condições e padrões de acesso dos beneficiários do Programa Bolsa Família. In: SILVA, T. F. (Org.). **Bolsa Família 15 anos (2003-2018)**. Brasília: Enap, 2018. p. 267-292.

ROBBINS, S. R. **Comportamento organizacional**. Tradução de Reynaldo Cavalheiro Marcondes. 11. ed. São Paulo: Pearson Prentice Hall, 2005.

SALES, M. A. Quem tem medo de ética? In: BONETTI, D. A. et al. (Org.). **Serviço social e ética**: convite a uma nova práxis. 13. ed. São Paulo: Cortez, 2012. p. 111-117.

SILVA, A. de S.; SANTOS, D. N. dos.; BRITO, L. T. de L. O Nordeste e a convivência com o semiárido. In: SILVA, A. de S. et al. (Ed.). **Construção de cisternas domiciliares no Haiti**: relatório técnico final. Petrolina: Embrapa Semiárido, 2008. p. 7-20. Disponível em: <https://ainfo.cnptia.embrapa.br/digital/bitstream/item/176658/1/Relatorio-Final-Haiti-ABC-MRE-baixa-resolucao.pdf>. Acesso em: 10 nov. 2020.

SILVA, M. L. L. Trabalho e previdência social no contexto de crise do capital. **O Social em Questão**, ano 18, n. 34, p. 137-160, 2015.

SILVA, S. P. Políticas públicas, agricultura familiar e desenvolvimento territorial: uma análise dos impactos socioeconômicos do Pronaf no território Médio Jequitinhonha – MG. Brasília: Ipea, 2012. (Texto para Discussão n. 1693). Disponível em <https://www.ipea.gov.br/portal/images/stories/PDFs/TDs/td_1693a.pdf>. Acesso em: 10 nov. 2020.

SILVA, T. F. (Org.). **Bolsa Família 15 anos (2003-2018)**. Brasília: Enap, 2018. Disponível em: <https://repositorio.enap.gov.br/bitstream/1/3647/4/15%20Anos%20Bolsa%20Fam%C3%ADlia.pdf>. Acesso em: 6 out. 2020.

SILVA e SILVA, M. O. da (Coord.). **O Bolsa Família**: verso e reverso. Campinas: Papel Social, 2016.

SIQUEIRA, L. **Pobreza e serviço social**: diferentes concepções e compromissos políticos. São Paulo: Cortez, 2015.

SOARES, A. G. et al. **Boas práticas de manipulação em bancos de alimentos**. Rio de Janeiro: Embrapa Agroindústria de Alimentos, 2006. (Documentos n. 74). Disponível em: <https://ainfo.cnptia.embrapa.br/digital/bitstream/item/169320/1/Doc-74-Boas-Praticas-de-Manipulacao-2006.pdf> Acesso em: 30 set. 2020.

SOUZA, D. G. de; MEIRELLES, G. A. L. de; LIMA, S. M. A. **Capital, trabalho e serviço social (1971-1990)**. Curitiba: InterSaberes, 2016. (Série Metodologia do Serviço Social).

SOUZA, P. H. G. F. de et al. Os efeitos do Programa Bolsa Família sobre a pobreza e a desigualdade: um balanço dos primeiros 15 anos. In: SILVA, T. F. (Org.). **Bolsa Família 15 anos (2003-2018)**. Brasília: Enap, 2018. p. 155-190.

SPOSATI, A. de O. et al. **Assistência na trajetória das políticas sociais brasileiras**: uma questão em análise. São Paulo: Cortez, 2014.

SPOSATI, A. Modelo brasileiro de proteção social não contributiva: concepções fundamentais. In: BRASIL. Ministério de Desenvolvimento Social e Combate à Fome. **Concepção e gestão da proteção social não contributiva no Brasil**. Brasília: Ministério do Desenvolvimento Social e Combate à Fome; Unesco, 2009. p. 13-56. Disponível em: <http://www.mds.gov.br/webarquivos/publicacao/assistencia_social/Livros/concepcao_gestao_protecaosocial.pdf>. Acesso em: 6 out. 2020.

SUPLICY, E. M. **Renda de cidadania**: a saída é pela porta. São Paulo: Cortez, 2013.

TORRES, H. da G. Segregação residencial e políticas públicas: São Paulo na década de 1990. **Revista Brasileira de Ciências Sociais**, v. 19, n. 54, p. 41-55, fev. 2004. Disponível em: <http://www.scielo.br/pdf/rbcsoc/v19n54/a03v1954.pdf>. Acesso em: 13 out. 2020.

ULBRICH, G. Daqui não saio... **Tribuna**, Curitiba, 15 ago. 2017. Disponível em: <https://www.tribunapr.com.br/cacadores-de-noticias/centro/moradores-de-rua-proliferam-nas-pracas-de-curitiba/>. Acesso em: 30 set. 2020.

VIANA, I. A. V.; CIRENO, F. Programa Bolsa Família (PBF), condicionalidades e efeitos sobre educação: agenda de pesquisa. In: SILVA, T. F. (Org.). **Bolsa Família 15 anos (2003-2018)**. Brasília: Enap, 2018. p. 225-248.

ZITKOSKI, J. J. **Paulo Freire e a educação**. 2. ed. Belo Horizonte: Autêntica, 2010.

Respostas[1]

Capítulo 1

Questões para revisão

1. d
2. e
3. a
4. Segundo texto da própria autora, *mínimo*

> tem conotação de **menor**, de **menos**, em sua acepção mais íntima, identificada com patamares de satisfação de necessidades que beiram a desproteção social, o segundo não. O **básico** expressa algo **fundamental, principal, primordial**, que serve de base de sustentação indispensável e fecunda ao que a ela se acrescenta. (Pereira, 2002, p. 26, grifo do original)

---

[1] As fontes citadas nas repostas encontram-se listadas na seção "Referências".

5. A Lei n. 10.835, de 8 de janeiro de 2004 (Brasil, 2004b), prevê a destinação de um benefício monetário a todos os brasileiros, independentemente de sua condição socioeconômica. O benefício proposto é nominado *Renda Básica de Cidadania*. A lei nunca foi efetivamente cumprida pelo governo brasileiro, pois, ainda que ele tenha investido em benefícios de transferência de renda, estes foram seletivos e insuficientes.

Capítulo 2

Questões para revisão

1. d
2. a
3. d
4. A saída do Mapa da Fome é uma conquista na medida em que identifica uma redução significativa no número de brasileiros que ainda passam fome. Contudo, isso representa apenas que menos de 2,5% da população encontrava-se em situação de insegurança alimentar grave no triênio 2014-2016. Além disso, consta que no ano de 2013 ainda havia 52 milhões de pessoas com alguma condição de insegurança alimentar e nutricional e 7,2 milhões de pessoas em condição de insegurança alimentar grave – falta de alimentos/fome. Ou seja, ainda que o Brasil tenha saído do Mapa da Fome, ela não foi completamente eliminada e deve ser enfrentada com políticas públicas efetivas.
5. Entre as principais causas, podem ser evidenciadas a ausência de renda, a sobrevivência em terras não produtivas e a escassez de determinados produtos, sendo que esses elementos podem ser agravados mediante relações políticas e econômicas que elevam as desigualdades.

Capítulo 3

Questões para revisão

1. a
2. b
3. b
4. Nos restaurantes populares e nas cozinhas comunitárias, são oferecidas refeições prontas a baixo custo. No PAA, há distribuição de alimentos comprados diretamente da agricultura familiar para instituições que atendem a pessoas em situação de vulnerabilidade social. No Programa Banco de Alimentos, é feita a recepção, o estoque e a distribuição de alimentos doados pelo comércio, pela indústria ou por outros meios.
5. Compra com doação simultânea; incentivo à produção e ao consumo de leite; compra direta; apoio à formação de estoques; e compra institucional.

Capítulo 4

Questões para revisão

1. a
2. a
3. d
4. Os benefícios de transferência de renda impactam o acesso aos alimentos, pois há estreita ligação entre a pobreza e as situações de insegurança alimentar e nutricional. Quando se transferem recursos monetários para a população, são estimulados tanto o acesso aos produtos básicos quanto a autonomia de gestão da renda, promovendo-se um caminho de emancipação e cidadania.

5. De acordo com o documento *Orientações técnicas sobre benefícios eventuais no Suas*,

> o indivíduo e a família se encontram em situação de vulnerabilidade quando sua capacidade de resposta para enfrentar uma determinada situação não é suficiente para manter a "reprodução social cotidiana". A vulnerabilidade pode decorrer da ausência de renda, precário ou nulo acesso aos serviços públicos, situação de calamidade, fragilização dos vínculos afetivos e de pertencimento social decorrentes de discriminações etárias, étnicas, de gênero. (Brasil, 2018g, p. 35-36)

Já a vulnerabilidade temporária, definida no Decreto n. 6.307, de 14 de dezembro de 2007,

> configura-se numa situação em que o indivíduo ou sua família estão **momentaneamente impossibilitados** de lidar com o enfrentamento de situações específicas, cuja ocorrência impede ou fragiliza a manutenção daquele indivíduo, da unidade familiar ou limita a autonomia de seus membros. É caracterizada na **normativa como riscos, perdas e danos vivenciados circunstancialmente tais como: Ausência de documentação, alimentos, abrigo/residência, violências, ruptura de vínculos familiares e situações de ameaça a vida**. (Brasil, 2018g, p. 35-36, grifo do original)

Capítulo 5

Questões para revisão

1. a
2. e
3. c
4. O investimento do Estado em políticas sociais caracteriza-se também como uma forma de controle da população. São minimizadas algumas desigualdades e atendidas algumas solicitações, de forma que seja possível reduzir a evidência das mazelas geradas pelo modo de produção capitalista.

5. O Programa Bolsa Família não chega a atender às especificidades do proposto na Lei n. 10.835/2004, pois tem características seletivas, estabelecendo critérios de faixa de renda para acesso ao benefício, bem como condicionalidades a serem cumpridas para que seja garantida a permanência no programa. A proposta da referida lei visa a uma renda universal, superando a perspectiva da seletividade.

Capítulo 6

Questões para revisão

1. c
2. b
3. c
4. A atuação com a população pobre sempre esteve e ainda está presente no campo do exercício do assistente social, embora hoje esse profissional atue também com outras expressões da questão social que podem manifestar-se nas classes de maior poder econômico. Historicamente, já houve o entendimento, no âmbito da categoria, de que a pobreza seria um problema individual resultante de escolhas pessoais e passível de superação por meio de esforço e dedicação. Contudo, tal análise se mostrou muito limitada e foi superada com base na adoção de teorias críticas capazes de explicar que existem conjunturas e forças sociais que extrapolam a capacidade individual de escolha. Assim, a pobreza é entendida como um produto de intrincadas relações sociais, e seu enfrentamento também encerra significativa complexidade. Para isso, é exigido do assistente social um olhar crítico acerca das estruturas sociais, bem como uma intervenção capaz de promover mudanças segundo a perspectiva de justiça, liberdade e autonomia.

5. É fundamental que o assistente social, em qualquer campo em que atue, não perca de vista seu código de ética profissional e os princípios a ele inerentes. As ações voltadas às populações empobrecidas e em situação de insegurança alimentar e nutricional não podem ser reduzidas a um término pontual da fome, e sim compreender aspectos capazes de estimular a autonomia, a emancipação, a liberdade, a democracia, a participação e o acesso às políticas públicas, conforme previsto no Código de Ética do/a Assistente Social.

Sobre a autora

Neiva Silvana Hack é assistente social, graduada em Serviço Social pela Pontifícia Universidade Católica do Paraná (PUCPR); especialista em Gestão Social pela Faculdade Padre João Bagozzi; e mestre em Tecnologia em Saúde pela PUCPR. É professora do curso de bacharelado em Serviço Social do Centro Universitário Internacional Uninter e compõe a equipe técnica da Associação Educacional de Desenvolvimento Humano e Social (Addes), além de atuar na área da seguridade social há mais de 15 anos. Desde 2001, desenvolve ações com projetos sociais relativas à elaboração, implementação e avaliação. Participa, ainda, da coordenação e do desenvolvimento de projetos de pesquisa e extensão. É palestrante e presta assessoria em entidades sociais e em municípios nas temáticas de seguridade social e direitos humanos. É autora das obras

Política pública de saúde no Brasil: história, gestão e relação com a profissão do serviço social (Editora InterSaberes, 2019); *Assessoria, consultoria e avaliação de políticas, programas e projetos sociais* (Editora Contentus, 2020); e *Gestão de projetos sociais* (Editora Contentus, 2020).

Os papéis utilizados neste livro, certificados por instituições ambientais competentes, são recicláveis, provenientes de fontes renováveis e, portanto, um meio **responsável** e natural de informação e conhecimento.

FSC MISTO
Papel produzido a partir de fontes responsáveis
FSC® C103535

Impressão: Reproset
Abril/2022